MATRIMONIO PARA INCONFORMISTAS

TRINI PUENTE
ALBERTO BASELGA
ANTONIO TORMO

MATRIMONIO PARA INCONFORMISTAS

EDICIONES RIALP
MADRID

© 2024 *by* Trini Puente, Alberto Baselga, Antonio Tormo
© 2024 *by* EDICIONES RIALP, S. A.,
   Manuel Uribe 13-15 - 28033 Madrid
   (www.rialp.com)

Preimpresión: produccioneditorial.com

ISBN (edición impresa): 978-84-321-6782-9
ISBN (edición digital): 978-84-321-6783-6
ISBN (edición bajo demanda): 978-84-321-6784-3
ISNI: 0000 0001 0725 313X
Depósito legal: M-10455-2024
Impreso en Anzos, S. L., Fuenlabrada (Madrid)

ÍNDICE

INTRODUCCIÓN

PARA EMPEZAR, QUEREMOS contaros cómo hemos escrito
este libro. Esta vez han intervenido seis manos y no cuatro, como en el anterior libro[1]. La razón es que la empresa
era muy ambiciosa: explicar "el matrimonio originario"
que no es otra cosa que aquel que está en la entraña del
ser humano y que lleva, en nuestra opinión, al amor verdadero en una relación de amor entre una mujer y un
varón. Así que, en este libro —ya nos ayudó en el anterior— hemos contado con la colaboración de Antonio. Él
ha sido el encargado de repasar, matizar, corregir lo que
no se entendía, dar ideas sobre temas para tratar, hacer
el libro equilibrado. Como veis, es un trabajo complejo.
Nos hemos reunido muchísimas veces para hablar sobre
lo que escribíamos y mejorarlo. No siempre ha sido fácil
decidir qué poníamos y qué quitábamos.

---

[1] Alberto BASELGA & Trini PUENTE, *Sexo para inconformistas*.

Este libro es fruto del estudio, de pensar, de leer a mucha gente —mucho más inteligente que nosotros—, de digerir todas esas enseñanzas y hacerlas nuestras. Por lo tanto, cuando decimos "nosotros pensamos", etc., somos Trini, Antonio y Alberto. Y tratamos de dialogar con los que lo leéis.

Nos preguntan: ¿por qué insistís en decir que se trata de "nuestra opinión"? La razón es que no queremos hablar en nombre de nadie ni hacer creer que sólo hay una forma de ver cada problema, la que exponemos es… "la nuestra".

Nos parece que es obligación personal formarse muy bien para resolver las dificultades que se nos plantean en la vida y en el matrimonio. Lo prudente, si tenemos dudas, es preguntar a personas preparadas y de confianza, pero sabiendo que esa respuesta no nos quita la responsabilidad, que es sólo nuestra. Nosotros, los autores, somos unos enamorados de la libertad personal y por tanto de la responsabilidad personal.

Hay gente que le gustaría que existiera un prontuario del "buen matrimonio", de forma que ante cualquier problema se pudiera saber cómo actuar. Muy pocas veces, si es que se da alguna, se puede decir, sin posible error: «Ante esta situación la forma de actuar es *esta*».

Por eso hay que desconfiar cuando alguien se arroga el privilegio de conocer la solución perfecta sobre algún tema. Podemos preguntarle de dónde ha sacado esa "sabiduría".

A lo más que se puede llegar es a dar una posible indicación o sugerencia. Hay que entender y conocer muy bien a los dos cónyuges para dar una solución única a un problema matrimonial. Y eso es prácticamente imposible. Por eso, cuando ayudamos a matrimonios a reconciliarse siempre decimos que son ellos quienes arreglan el problema, no nosotros. Es importante que sea un matrimonio quien les escuche; primero, porque posiblemente habremos tenido ese mismo problema; y segundo, porque escucha un cerebro de mujer y otro de varón, con lo cual la empatía es mucho mayor.

En este libro tratamos de situar el matrimonio que queremos, *uno, con una, para toda la vida y abiertos a la paternidad y maternidad*, y vamos deshojando esa margarita en el primer capítulo. En el segundo abordamos la actividad sexual, que nos parece nuclear en la esencia del matrimonio. En el tercero describimos el transcurrir de la aventura familiar y distinguimos infancia, adolescencia y madurez; es la vida, con todo su atractivo y complejidad. Finalmente, en el cuarto consideramos el aporte del matrimonio a la sociedad y cómo la modela a su propia imagen.

Siempre decimos que el matrimonio es para disfrutar, no para amargarse la vida. Renuncias, las habrá, como en cualquier relación humana, pero cargar las tintas es un error.

Nosotros pensamos que el verdadero matrimonio es cosa exclusiva de dos amantes y que pueden llegar a la ancianidad con esos cuidados tiernos, con ese estar pendiente del otro, rodearse de los hijos y nietos si los hay, repasar juntos el tiempo pasado, reírse de sus aventuras en la vida, transmitir la sabiduría acumulada con el tiempo, siendo pacientes con uno mismo y con los demás. Es el premio de haber sabido vivir una vida plena.

Estas y otras muchas son las verdaderas características del matrimonio que nosotros queremos transmitir. No los falsos y recurrentes mitos que no dejan disfrutar del matrimonio, porque nadie nos ha mostrado la verdadera forma de vivirlo. Eso pensamos, y por eso se escribe este libro.

Vivir en libertad y responsabilidad es la mejor forma de disfrutar de la vida.

Agradecemos los buenos consejos que nos han dado tantas personas. No podemos dejar de citar al profesor Jaime Nubiola, y a los doctores Lucas Buch y José Brage.

I.
EL MATRIMONIO Y "NO VA MÁS"

"No va más" es una frase repetida en el mundo del juego. Significa que se ha terminado el periodo de vacilaciones, se ha apostado, y ahora se pone en marcha el mecanismo de azar para determinar quién es el ganador.

En nuestra concepción del matrimonio, el "no va más" se pronuncia cuando nos casamos, pero a diferencia de lo que sucede con los juegos de azar, en el matrimonio podemos ganar todos. Sólo depende de nosotros.

1. ¿EL MATRIMONIO ES PARA TODOS?

Uno de los temas más controvertidos en nuestro Instagram es si todos estamos preparados para contraer matrimonio, es decir, si el matrimonio es *para todos*. Hay personas que piensan que cualquiera, sin más, puede casarse. Nosotros pensamos que no. Que para casarse hace falta tener unas cualidades. Y para conocer de qué cualidades se trata, tienes que tener una idea clara de qué es el matrimonio.

Vamos a empezar por saber qué es un amigo. Uno podrá ser amigo o no, según desee, pero una amistad verdadera está en la conciencia de las personas como algo bueno.

Nos explicamos. El deseo de tener un amigo que, en vez de pensar en él, piensa en ti; que esté dispuesto a ponerse en medio para recibir las "tortas" que te darían a ti; que antepone tus intereses a los suyos…, es un buen deseo: tener un amigo de verdad.

La amistad, por definición, tiene que ser recíproca. Eso es una amistad verdadera.

Hoy en día hablar de una amistad así parece un imposible, algo inalcanzable. Hace mucho tiempo vimos una película en la que los protagonistas eran dos amigos varones. Se desarrollaba en la segunda guerra mundial. Uno era judío y el otro alemán. Al amigo alemán lo nombran un cargo importante en su país. Una de las primeras cosas que hace es denunciar a su amigo, que es encarcelado. La gente de su entorno le critica por mal amigo. Incluso su mujer le pide una explicación, le reprocha lo mal amigo que es. Cuando le preguntan al preso qué piensa de su amigo, siempre dice que «por algo muy grande lo habrá hecho». Jamás le recrimina. Nadie entiende a ninguno de los dos. Con el paso de la película se va descubriendo que el denunciante alemán es un espía al servicio de los aliados y que para ganarse la confianza de sus jefes y tener bajo control a su amigo, y protegerlo, lo había denunciado. Al final llega la liberación y los amigos se vuelven a reencontrar.

Esta película explica bien claro qué es la amistad verdadera. Llama mucho la atención que la mujer del alemán no le conozca tan bien como su amigo. Ella no aguanta el rechazo de la sociedad y se vuelve contra su marido. Él le pide confianza y ella se la niega. Por eso siempre decimos que es muy importante conocerse y confiar en tu marido o mujer. Por el contrario, el judío jamás dudó de su amigo y, por más que le incitaban a que renegase de él, nunca lo hizo.

Eso es una amistad verdadera. Anteponer la propia tranquilidad para favorecer el bienestar del amigo no es nada fácil. Encontrar a ese amigo es encontrar un tesoro que hay que cuidar. Todo el mundo, en principio, quiere una amistad así, pero ni todos están dispuestos a esa entrega, ni todos son capaces de vivirla, por falta de cualidades. Por desgracia lo que habitualmente se entiende por amistad es algo mucho menos exigente, pero no es la verdadera amistad.

Lo mismo sucede con el matrimonio. Entre la esencia del matrimonio y lo que socialmente se "exige" para denominarlo como "bueno" hay, por desgracia, un abismo. Se construyen amistades y matrimonios de bajo nivel de exigencia, para tener más amigos y para que más gente pueda casarse.

El matrimonio, al igual que la amistad, es algo que está en la entraña del ser humano.

Cuando hablamos de matrimonio nos referimos a esa unión que se produce en libertad y por amor de uno con una para toda la vida, abierto a la paternidad y maternidad. No le pondremos adjetivos como tradicional, civil, cristiano, ateo, natural, judío, musulmán, hindú, etc. El matrimonio es uno, como el blanco es uno, ya que el blanco perla o el blanco roto no es blanco, es otra cosa. Pueden servir para decorar una habitación o un traje de novia, pero no son blanco. Lo mismo pasa con el matrimonio, si le ponemos apellido se da a entender que hay varios tipos de matrimonios y que se puede escoger el más conveniente.

Por eso cuando oímos a cristianos decir: «Como creyentes, nosotros defendemos el matrimonio para toda la vida», nos da mucha pena, ya que no existe *otro* matrimonio. El matrimonio verdadero es *siempre* para toda la vida. Aquellos dan a entender que los cristianos han creado un tipo de matrimonio que les afecta sólo a ellos. En realidad, se refieren al sacramento, que refuerza el matrimonio pero que no altera su esencia. Lo de que «el matrimonio es de uno con una para toda la vida» es para todos, cristianos o no. Hablar de diferentes matrimonios es tanto como decir que no es algo que está en la naturaleza humana, sino que es impuesto desde la religión o las autoridades. Sin embargo, es tan natural y tan singular que el amor verdadero, de amantes —lo que otros llaman amor conyugal o amor matrimonial—, *sólo* se da en el matrimonio; aquí queremos recalcar la importancia de amar, amándose.

El matrimonio es uno e inamovible. No porque lo quiera alguien sino porque en la entraña del ser humano está el deseo de ser amado sin condiciones y de por vida. Luego cada uno decidirá o verá si quiere meterse en esa aventura y si tiene las cualidades necesarias. Pero ese tipo de relación todo el mundo la ve como deseable, aunque sea para otros, o como una ensoñación adolescente, imposible de llevar a la práctica.

Todos deseamos ser queridos incondicionalmente y para toda la vida. Queremos tener a esa persona que nos complementa y nos hace ser mejores. Así como el matrimonio es uno, el amor no. Hay muchos tipos de amores. Hay amores verdaderos y falsos, egoístas y generosos, recíprocos y pasivos. Uno ama como es. Por eso el amor de amantes depende de cómo sean los amantes. Y mostrará todas las debilidades y virtudes humanas.

Otra cosa que pensamos que se debe aclarar es que uno se casa una vez, pero vive el matrimonio de por vida. Igual que una mujer que tiene un hijo, lo tiene una vez, pero es madre toda la vida. Luego será buena o mala madre, pero lo es de por vida. En el matrimonio es igual: uno decide una vez que se casa con esa persona, y luego será buen o mal esposo o esposa. Pueden los dos, o uno, cuidarlo o no, pero no por eso deja de ser matrimonio, lo mismo que en el caso de la madre. Por eso decimos que un matrimonio que dure no tiene por qué ser un buen matrimonio.

La indisolubilidad del matrimonio se explica desde el amor de los amantes, un amor que pide exclusividad, desde y la necesidad de cuidar a los hijos, que pueden exigir ese amor que un día se prometieron sus padres. El divorcio es un fracaso. Una vez casados ya no amamos únicamente a nuestra mujer o marido por sus cualidades, que las tiene y muchas, seguro, sino porque además forma parte de nosotros y debemos cuidarle como algo nuestro. Por eso en el amor de amantes no entra el corazón solamente sino también la razón. Un amor verdadero debe tener las dos cosas. De lo contrario, es incompleto.

Ya lo hemos dicho muchas veces, pero queremos volver sobre el tema. El amor es mucho más que quererse, que estar complementados, que respetarse, que tener hijos en común, etc. El amor es anteponer lo suyo a lo tuyo con gusto y con una sonrisa. Estar enamorado es una sensación de compartir algo muy grande con la persona amada.

El amor es una mezcla de corazón, cabeza y acciones. Pero el corazón debe impulsar las otras dos. Muchas veces se habla mal del corazón, pero los grandes hechos heroicos se han producido por esa fuerza que se identifica con el corazón.

Sin la capacidad de enamorarse y de entregarse es muy difícil llegar al amor verdadero. Hay que recuperar el optimismo en el amor.

Recordad una cosa: a los enamorados siempre se les ha tratado de locos o de no ser "sensatos". Es verdad que cuando hablamos de estos temas mucha gente se sonríe y nos corrigen con su sensatez: «No vendáis humo, que todos sabemos la verdad y vais a crear mucha infelicidad».

No hagáis caso a los "sensatos". Lo que es natural para la felicidad del hombre —mujer y varón— quieren amoldarlo a su gusto y lo han convertido en algo que no atrae a casi nadie.

El matrimonio es la forma más compleja de relación de pareja y nos lleva directos al amor verdadero.

2. ¿COHABITAR O MATRIMONIO?

Hoy en día se vende la cohabitación como un signo de libertad y de modernidad, aunque en nuestra opinión, no es así. En la entraña de cada ser humano hay un deseo de amar y de ser amado, y en la vida en pareja reina el deseo de encontrar un amor verdadero que sea una entrega total por parte de los dos. Pero eso es muy exigente y no se piensa que ese amor pueda darse, ya sea por malas experiencias, malos ejemplos o simplemente por falta de capacidad de amar así. Y entonces se recurre a la cohabitación.

Limitarse a vivir juntos es un sucedáneo del matrimonio que imposibilita llegar al amor verdadero por la sencilla razón de que le falta lo más característico, que es la entrega y el abandono en el otro, con un compromiso sólido y exigible.

Veamos algunas diferencias:

Permanencia

Vivir en cohabitación es, de por sí, temporal, por su propia filosofía. No hay más compromiso que el "mientras dure". Los planes son a corto plazo y eso impide un desarrollo de la relación.

Nos hemos encontrado con parejas que vivían en cohabitación, en las que uno de ellos decide romper la relación, haya hijos o no, y la parte abandonada se queja de la falta de compromiso y fidelidad de la otra parte. La realidad es que no había más compromiso que el "mientras dure esto" y les parecía muy bien y muy moderno.

Hay que ser consecuentes en cómo se decide vivir en pareja, y no exigir algo a lo que ninguno de los dos se ha comprometido. En una cohabitación no hay más compromiso de permanencia que el "mientras dure". Si hay un compromiso de fidelidad de por vida, serio y libremente aceptado, eso ya es otra cosa, y habría que ver si es realmente un matrimonio.

Pero en general, la realidad es que son relaciones con equilibrios precarios en los que no hay por las dos partes un compromiso de por vida.

El matrimonio es distinto. Se puede exigir al otro responsabilidad sobre la relación y sobre los hijos, si los hay. Además, en nuestra opinión, sólo se llega al amor maduro mediante el matrimonio. Entendemos que es una forma de vivir en pareja muy exigente y compleja, que demanda unas condiciones que en la cohabitación no son necesarias, sobre todo la llamada a compartir la vida entera con esa persona.

Biografías individuales o biografía común

En la cohabitación cada uno sigue recorriendo su propia biografía y sólo se encuentra con la otra persona en momentos puntuales. Cada uno se desenvuelve independientemente del otro.

En el matrimonio las dos biografías se funden en una nueva. Al casarnos dejamos de ser dos, para ser uno. Eso supone que cualquier cosa que hagamos afecta positiva o negativamente al otro.

Hay personas que se niegan a aceptarlo por no perder su individualidad, desean que lo que uno hace en su "vida personal" sólo afecte a uno y no al otro. No se dan cuenta de que ya son inseparables, no asumen la responsabilidad de ser uno.

Nosotros ponemos el ejemplo del liquen. Como cualquier ejemplo, no abarca la totalidad de lo que se quiere explicar, pero ayuda a entenderlo. Pues bien, un liquen básicamente está compuesto por un alga y un hongo. Tanto el alga como el hongo podrían vivir separados, pero juntos llegan a colonizar terrenos que sólo pueden hacer en forma de liquen. Comprometen sus vidas. Empiezan una biografía común, por decirlo así.

Algo parecido es el matrimonio. Un tipo de relación que llega a una unión y a unas cotas de amor inalcanzables si no estuvieran casados. Esa es la experiencia del ser humano.

Puede ser que te cases y no seas feliz, entonces habrá que ver el motivo. Pero no es culpa del matrimonio sino de cómo se ha vivido ese matrimonio.

Vivir en cohabitación es como lo que hacen el pez payaso y la anémona. Se ayudan mutuamente, pero sin compromiso de permanencia.

Al no haber un compromiso más allá de la honestidad de cada uno, esa relación puede romperse a voluntad de cualquiera de los dos, incluso aunque se tengan hijos. Porque si el que rompe los atiende "debidamente", no se le puede echar nada en cara. El compromiso era que cada uno permaneciera mientras *sintiera algo*. Si ese *algo* ya no existe, lógicamente se puede romper.

Lo que no pueden romper es su relación con el hijo o hijos, si los hay. Sólo hay compromiso de por vida con los hijos. No hay una biografía común entre los que cohabitan, son dos individualidades a los que les une algunos aspectos de sus vidas.

Corazón y voluntad

En la cohabitación rige el sentimiento, es decir, el corazón. Por su propia filosofía —el "mientras dure" — ambos

21

siguen abiertos a otros amores. De forma consciente o inconsciente. Por eso sólo es exigible una fidelidad muy básica, como la fidelidad sexual, y de corazón, mientras se sienta algo.

En el matrimonio no sólo funciona el sentimiento, que es muy importante, sino también la voluntad. Se puede exigir una fidelidad total, tanto física como mental, durante toda la vida. Debemos arropar el sentimiento con la voluntad. Cerrar nuestro corazón a otras posibilidades de amor. El compromiso es total y permanente.

Es para gente con gran corazón y dispuesta a entregarlo a la persona adecuada sin reservarse nada. Eso atrae mucho. Por eso merece la pena luchar. No por la mediocridad que a veces nos venden los "sensatos" al hablar del matrimonio.

Hoy en día, en nuestra opinión, el matrimonio, «uno con una para toda la vida y abierto a la paternidad y maternidad», es el modo más arriesgado de vivir en pareja, el más fascinante, el más loco, el más embriagador que hay. Podemos estar equivocados, pero es lo que pensamos. Desde luego no es una vida en la que te puedas relajar. Requiere estar alerta todos los días, para que el amor no pierda fuerza.

Cuando esto es así, ¡qué gozada!

Proyecto de vida

En la cohabitación solo existe el día a día. Los hijos, si llegan, no pueden disfrutar de la seguridad del amor de sus padres. Forman parte de la vida de cada uno, pero no de su vida en pareja. Por decirlo de otra manera, los hijos son puntos de encuentro de sus vidas individuales, como pueden ser los amigos comunes.

En el matrimonio, al no ser dos sino uno, hay un proyecto de vida. Saben a dónde quieren llegar y los medios que deben adoptar. Tienen sueños a largo plazo. Deben compaginarse para ese objetivo y emplear todas sus potencias para ese fin. Los hijos son parte muy importante en ese proyecto común y les unen todavía más. Y los hijos disfrutan de una gran seguridad al conocer ese compromiso de sus padres.

La seguridad del proyecto común permite que puedan comprometerse en iniciativas a largo plazo, como la compra de una casa mediante una hipoteca, dejar o coger trabajos en función de las necesidades, etc.

En el caso de la cohabitación esa seguridad no existe, y quedan muy mermados ese tipo de planes conjuntos.

Hay que buscar un amor para toda la vida, no un compañero de viaje. Esta expresión, "compañero de viaje", no es acertada para nosotros. Un compañero de viaje no compromete su vida. Te puede hacer grandes favores, pero no es comparable con una esposa o un esposo. Se puede ir cuando encuentre alguien mejor o piense que el viaje se terminó.

3. La maravilla del matrimonio

Matrimonio es decirle al otro «te querré siempre aunque cambies, envejezcas o encuentre a alguien mejor». Sí, aunque te cruces por el camino con alguien aparentemente o realmente mejor. Es un poco inocente pensar que a lo largo de nuestra vida no vamos a encontrar a alguien que nos haga dudar de nuestra elección. Quizá por un momento de debilidad, por bajar la guardia; porque esa persona se presenta con todas sus virtudes y quedan ocultas sus debilidades; o porque simplemente es mejor persona y más completa que nuestro marido o mujer. Pues, aun así, en el caso hipotético de que esa persona sea "mejor para uno", cosa que realmente nunca sabremos —porque es una hipótesis imposible de comprobar—, hay que seguir eligiendo a nuestro marido o a nuestra mujer.

Cuando uno se casa debe decir: incluso en ese caso hipotético te elegiré a ti una y mil veces. Y prometo guardar el corazón que te he entregado.

Eso es fidelidad.

«Lucharé siempre por nuestro amor». Esto es casarse. Jugarse la vida a una carta. El amor no es calculador. Si calculas, si dudas, es mejor que no te cases. Se nos educa en lo seguro: «Más de uno o dos hijos es una imprudencia», «casarse sin todo amarrado es de locos», «fiarse de tu cónyuge es de inocentes». Todo son dudas, un "por si acaso". Pero así no se da paso al amor incondicional, y se permanece en un amor condicionado, cuando la felicidad está en confiar y entregarse mutuamente. El matrimonio es una locura, y pensar que todo el mundo tiene las cualidades para enloquecer y casarse, es de una gran "ingenuidad".

Hay que buscar un amor del bueno. Ese que se la juega por ti. Que sabe que sin ti está "incompleto". Es una pena escuchar en boca de personas que una vez estuvieron enamoradas expresiones como «¿adónde voy a ir a estas alturas?».

Puede costar encontrar el amor algunas veces. Pero hacednos caso: no busquéis un compañero/a, buscad un amante. No se trata de cazar al mejor o la mejor. Se trata de casarse enamorados. Cuando alguien te habla de su novio o novia y te dice: «Es muy bueno/a, me cuida mucho, ¿qué más puedo pedir?». Pues puedes pedir que os queráis de verdad e incondicionalmente —por seguir con el ejemplo—, ya que casarse sin quererse es un gran error, e impides al otro que encuentre a alguien que de verdad comparta ese amor.

Un poco de alquimia

La forma de enamorarnos y de des-enamorarnos también tiene una explicación cerebral más allá de la educación.

Parece ser que el área implicada en este sentimiento es el córtex cingulado anterior. Es mayor en las mujeres y se activa antes en ellas. Está encargado de los juicios críticos y preocupaciones menores.

El cerebro enamorado desactiva el córtex cingulado anterior, con lo que disminuye la percepción de los problemas.

Thomas Insel[1] en uno de sus estudios dice que se produce una sensación parecida al uso de psicoestimulantes. Es una sensación muy agradable, porque los problemas se relativizan y las alegrías se maximizan. La razón es que se activan las mismas zonas y se reciben las mismas recompensas que con la toma de psicoestimulantes. También se desactiva la amígdala (centro de alarma y miedo), con lo que los peligros y amenazas desaparecen.

Cuando hay una ruptura de ese amor se produce todo lo contrario. Aparecen síntomas parecidos a la abstinencia

---

[1] INSEL, Thomas R, *Is social attachment an addictive disorder? Physiology & behavior*, 2003, vol. 79, n. 3, pp. 351-357.

de psicoestimulantes. La amígdala y el córtex cingulado anterior se activan y, en vez de verlo todo positivo, se ven más peligros y amenazas que antes. Todo es negativo. Se produce una oscuridad del pensamiento y se busca al ser amado penosa e intensamente.

Se empiezan a tener pensamientos negativos de la persona amada y de uno mismo.

Si el proceso avanza y no se soluciona, se puede llegar a la cólera. Para no alcanzarla, el córtex cingulado anterior y la amígdala se bloquean. Con esto se intenta no ver todo tan negativo. Se trata de un proceso de defensa para no perder esa posible relación amorosa o las amistades que conlleva esa relación. Es como un segundo estómago, como el de los rumiantes, en el que se retrasa la actuación. En las mujeres, más que en los varones, las relaciones sociales son muy importantes, y se odia el conflicto. Con lo que se intenta no romperlas por una actuación impulsiva. Es lo que Mateo Botvinick[2] llama el control de los conflictos.

Por esto las mujeres son mejores negociadoras de conflictos que los varones.

El proceso

El matrimonio es una forma de vivir en pareja, creada para disfrutar y vivir unidos toda la vida. Saber que alguien te elige de por vida es maravilloso. Otras formas de

---

[2] BOTVINICK, Matthew M, COHEN, Jonathan D, CARTER, Cameron S. Conflict monitoring and anterior cingulate cortex: an update, *Trends in Cognitive Sciences*, 2004, vol. 8, n 12, pp. 539-546, n 3 pp. 351-357.

relación no comprometen tanto. Al casarse, una pareja se compromete a amarse, a no dejarse llevar por la pereza o la desgana para mantener vivo ese amor. Una persona no se compromete con otra para aguantarse o soportarse mutuamente. Hay que disfrutar de estar juntos y de tener esa complicidad entre los dos.

No es verdad que el amor con el paso del tiempo se convierta inevitablemente en compañerismo. Da un poco de pena oír hablar de "amistad matrimonial". Ese amor inicial, probablemente por falta de lucha o por malos consejos, ha ido perdiendo fuerza y ya sólo perdura una amistad o un compañerismo que nada tiene que ver con el amor inicial.

Hay que volver a mirarse a los ojos y sentirse amado, comprendido, deseado, alguien especial para el otro. Descansar junto al otro. Refugiarnos en el otro en momentos de tormenta. Eso es el matrimonio.

Estás como en una montaña rusa en la que no dejas de tener la adrenalina "a tope". En el matrimonio hay que vivir el hoy. Quererse hoy. Darse hoy.

No es fácil entender el matrimonio, ni siquiera para los que estamos ya casados. Puede ser que nos encontremos con personas que crean que es imposible la entrega completa descrita hasta ahora.

Hay que empezar a decir alto y claro que el matrimonio *es para disfrutarlo*. Sin esconder que también es el tipo de relación más complicada, ya que requiere una capacidad de empatizar que no todos tienen. Esto no quiere decir que sea algo sólo para selectos, o inalcanzable.

Muchas veces se recalca tanto la parte de entrega y de "sacrificio", que parece que el matrimonio es lo único que "cuesta" en esta vida. Y otros aspectos, como el trabajo, el estudio, el deporte, el control del peso, mantener una amistad y mil otros asuntos no requieren ese "sacrificio". No es así. Todo lo que vale, cuesta.

No sabemos el porqué de esa visión tan negativa.

Puede ser que no nos tomemos demasiado en serio la elección de nuestra pareja y descarguemos nuestra frustración en el matrimonio. Elegir bien nuestra pareja facilita disfrutar. No hay que andar poniéndola a prueba cada día, y tampoco ofrecer a cualquiera nuestro corazón, puesto que ya está comprometido.

No os engañéis con ensoñaciones pueriles. El matrimonio es para gente madura, con capacidad de empatizar con el cónyuge, de saber dar y de saber recibir, en definitiva, de querer ser feliz.

La dificultad

¿Dónde radica la dificultad del matrimonio? En algo que no requieren otras facetas de la vida: la coincidencia de dos voluntades libres en amarse de por vida. Ahí radica la dificultad, y…, la felicidad.

Cuando hay amor todo se supera. Es probable que después de leer esta última frase alguno se haya sonreído. Mala señal, porque puede ser un aviso de que su amor está perdiendo fuerza.

Si en vez de amor hay sólo compañerismo, aprecio, intereses mutuos, todo esfuerzo se nos hace costoso. El matrimonio se convierte en una cuesta muy empinada. Todo se ve con ojos demasiados "objetivos" y se vive, en vez de una historia de amor, una simple relación entre dos personas.

28

En el amor no se es objetivo, no se puede ser objetivo. Es verdad que hay que intentar serlo. Pero cuando se está enamorado todo se disculpa, se tapa y se sobrevaloran las virtudes. No estamos hablando del "enamoramiento" sino de *estar* enamorados. Estar enamorado, amar a una persona, nos hace imposible ser objetivos. En contra de lo que algunos opinan, nosotros pensamos que cuando empiezas a ver defectos en tu novio y te cuesta aceptarlos, o te molestan, es cuando hay que plantearse la relación de noviazgo y comprobar si se sigue enamorado.

La razón es que la convivencia y las preocupaciones agrandarán esas debilidades y se nos harán insufribles. La objetividad y el amor se compaginan muy mal. Por eso cuando objetivamente se está enamorado de alguien que no conviene, es bueno que los amigos o familiares hablen con esa persona e intenten abrirle los ojos. Pero, como siempre decimos: la responsabilidad y los errores son personales.

Por eso cuando tu marido —tu mujer— te sigue pareciendo gracioso/a y a los demás les carga, es síntoma de que sigues coladita/o. El amor permite que dos personas se casen para toda la vida. Al matrimonio se va "dopado". Sensatamente nadie se merece la confianza de que será fiel y te amará toda la vida. Sinceramente es una locura.

Cuando la gente habla tanto de lo que hay que aguantar en el matrimonio, y no hablan del amor, mal asunto. Además, si hay que aguantar tanto, ¿por qué se extrañan de que la gente no se case? Cuando hay amor la palabra "aguantar" desaparece. Es demasiado dura para quien se ha jugado la vida por ti.

Es verdad que en el matrimonio se pasan temporadas malas o muy malas. Ocasiones en que no se ve con claridad. Es el momento de acordarse de los tiempos felices y apostar por tu amante.

Cuando vuelva a salir el sol, que vendrá —no lo dudéis—, quedaréis fortalecidos y vuestro matrimonio será una roca. Si por el contrario os acomodáis a unas vidas paralelas, seréis "compañeros" en vez de amantes.

«Lo contrario de vivir es no arriesgarse», canta Fito & Fitipaldis. Pero ¿se puede vivir sin riesgo? Mucha gente lo intenta. Pero no arriesgarse es no vivir. Quedarse mirando la vida esperando que todo siga igual, aunque no me llene y no sea feliz, es el peor error que puede cometerse, ya que la vida se nos escapa de las manos. Recordad que tranquilidad no es igual a felicidad. Se puede optar por la tranquilidad, pero hay que ser consciente que se está eligiendo una vida anodina.

Arriesgarse es avanzar, preparar el futuro.

Cuando os escucháis mutuamente y os sentís entendidos y comprendidos, cuando os hacéis reír, cuando os sentís orgullosos el uno del otro, cuando estáis en la cama expresando el amor que os tenéis, cuando pasáis una mala racha y la atravesáis juntos, cuando llega un hijo inesperado y no salen las cuentas, cuando afrontáis la vida con optimismo y deportividad... ¡estáis viviendo una historia de amor verdadero!

No le deis más vueltas. Nada hay más auténtico, más profundo, más rotundo, más revolucionario, más radical, más escandaloso, que saber que ya no sois dos, sino uno.

4. Resignados, voluntaristas, animadores matrimoniales y otros

Vamos a referirnos a estos grupos de personas que nos parecen distorsionadores del verdadero matrimonio:

Resignados

Son aquellos que se autoconvencen de que resignarse a sobrellevar el matrimonio es suficiente para considerarse un buen marido o mujer. Si lucharan se darían cuenta que se puede vivir de otra manera y encima ser felices. Se ha educado a mucha gente en la resignación. Es aceptar un determinismo muy peligroso. Dios me lo ha mandado, o el destino, y yo debo aceptarlo y no intentar mejorar la situación. Me ha tocado, y debo aceptarlo y llevarlo de la mejor manera posible.

Nuestra vida matrimonial es el resultado de las decisiones de cada uno y de los dos, en conjunto. En nuestra opinión, detrás de esta resignación —en la mayoría de los casos— lo que hay es una falta de lucha, y nada tiene que ver ni el destino, ni el hado, ni Dios, ni la suerte.

Cuando dos personas se casan se prometen amor de por vida, no una vida resignada a aguantarse mutuamente.

Voluntaristas

Son aquellos que creen que con su sola voluntad van a sacar el matrimonio adelante. Que serán capaces de entregarse de tal forma que harán feliz al otro sin esperar nada.

Eso no es el matrimonio. Será otra cosa, pero matrimonio no, aunque esto se sigue escuchando y recomendando a los que se casan. Ese voluntarista a lo más que llega, si es que lo consigue, es a engañar al otro y fingir una vida irreal. Es un teatro. Pero en la mayoría de los casos lo que pasa es que el voluntarista se cansa y un día explota y se cree abandonado por todos. Su cónyuge no entiende nada porque creía que todo era real, y resulta que no lo era. El voluntarista empieza a pedir lo suyo, y acaba haciendo mucho daño porque confiaba que podría vivir una vida dando amor y no recibiendo nada.

Animadores matrimoniales

Hace tiempo un amigo me contaba que un familiar suyo le había dicho que tenía dudas si casarse o no. Me contaba también que era muy indeciso, débil de carácter y que había que animarle para que diera el paso. Le había sucedido al elegir carrera universitaria y en más ocasiones. Así que no se le ocurrió otra cosa que decirle que se casara y que ya vería cómo se le pasaban los miedos.

Me pareció que lanzó al matrimonio a alguien que era incapaz de tomar por sí solo la decisión. No conozco a esa persona, pero creo que fue un mal consejo y que debería haber avisado a la futura mujer acerca de esas dudas.

Este amigo mío es un animador matrimonial, y conozco más. Son aquellos que se dedican a animar a la gente a casarse sin comprobar si reúnen las cualidades pertinentes. Incluso entre cristianos se dicen frases como «tú cásate y confía en la gracia del sacramento, Dios no te abandonará». Para nosotros es un abuso del sacramento. Es retar a Dios.

Muchas veces estos consejeros creen que el matrimonio sin Dios es imposible. No saben que existe un matrimonio natural que no tiene la ayuda del sacramento y que funciona. En el fondo lo que tienen es una gran desconfianza en la persona humana y en el propio matrimonio. Por eso lo rebajan y rebajan, dejándolo irreconocible. Para ellos el amor es un anzuelo para que la gente se case, pero no creen en él.

En algunos casos estas personas consideran el matrimonio como algo de segunda categoría, y piensan que cualquier persona puede casarse ya que con sólo mantenerse es suficiente. También los hay casados que, por educación o vivencia personal, consideran que casarse es una forma de "colocar" a los hijos y que les den nietos.

Animan a casarse de cualquier manera, con tal de que socialmente no tengan que soportar críticas. «Yo ya he casado a todos mis hijos», se puede oír. Poco parecería importarles si son aptos o no: lo importante es que se casen, a ser posible por la Iglesia, y luego que se apañen.

Descreídos del amor

Hay personas que, para ellas, «estar enamorado y el enamoramiento es lo mismo. Para ellos, da la sensación, lo fían todo en la voluntad y se olvidan del corazón».

Olvidan el corazón y lo fían todo a la voluntad. Si ven un matrimonio que va bien, es «porque son unos simples y no se dan cuenta de las cosas», o «¡ya les llegará el momento!».

No pueden aceptar un matrimonio feliz porque se les rompe el puzzle que se habían montado. No saben que el amor hace la vida más sencilla y se ven las dificultades objetivamente, o por lo menos más llevaderas. Es uno de los efectos maravillosos del amor.

El amor siempre levanta suspicacias entre los no enamorados. A fuerza de maltratar el matrimonio, casando a gente que no está enamorada o que no tienen las condiciones necesarias, se han convertido en unos cínicos descreídos que lo fían todo a la voluntad.

Su vida "sensata" no les llena y cargan contra los que, según ellos, son inconformistas e imprudentes.

No todo el mundo entiende el amor incondicional y bidireccional. No todo el mundo ha sido educado para el amor.

Con todo este panorama se extrañan de que la gente no quiera casarse. Presentan una imagen tan poco atractiva y tan poco humana que la gente no la "compra". Buscan otras maneras de vivir el amor porque lo que ven como "matrimonio" es un suplicio.

Por otra parte, algunos creen vivir en pareja, pero en realidad son un verdadero matrimonio por los compromisos que ellos mismos han aceptado mutuamente.

Son las contradicciones de estos tiempos, que demuestran que el matrimonio es algo que está en la entraña del ser humano, pero para el que no todos están capacitados, por las razones que sean.

Tener anhelo de algo no quiere decir que uno pueda conseguirlo. Hay muchos que les gustaría ser guitarristas profesionales y por falta de aptitudes no lo serán nunca. ¡Cuánta gente ha sido educada indiscriminadamente en la obligación de casarse! Les dicen que si no te casas eres una persona incompleta.

¡Cuánta gente se ha casado sin condiciones, o con la persona equivocada, o confiándolo todo a la voluntad pensando que no encontrarán otra oportunidad! El matrimonio reclama estar enamorado y cuidar ese amor.

5. Seis *tips* fundamentales para el matrimonio

El matrimonio, ya lo hemos dicho, es la forma más comprometida de vivir en pareja y, por tanto, la más complicada. Hacen falta ciertas cualidades para emprender ese camino. Veamos las que para nosotros son más importantes:

Conocimiento propio y amarse a uno mismo

¿Soy lo que quiero? Para ser lo que quiero, primero tengo que saber qué quiero de verdad y qué cualidades tengo. Hoy se dice mucho: «Si lo quieres de verdad lo vas a conseguir». Para nosotros es una bella ensoñación o un gran engaño. Pongamos un ejemplo: alguien quiere ser campeón olímpico de maratón. Lo primero que tiene que saber es si tiene las cualidades físicas para conseguirlo. No basta desearlo, tienes que tener unas cualidades imprescindibles para practicar esa disciplina olímpica y luego correr más que los demás para ser campeón.

Conocernos y saber nuestro objetivo requiere cierta madurez. Se dice que la persona madura es la que es capaz de desarrollar un proyecto claro y armónico de su vida, que además sabe que tiene las disposiciones, las cualidades o habilidades para realizarlo, pero que también tiene claro que lo que vale cuesta. Conociendo nuestras limitaciones y virtudes podremos apreciarnos a nosotros mismos y dar nuestra mejor versión.

¿Por qué es tan importante amarse a uno mismo? La razón es que al casarse ya no somos dos, sino «una sola carne». Por lo tanto, si uno no se ama a sí mismo ¿cómo amará a esa nueva "carne"? Es imposible. Podrá seguir amando o admirando a su cónyuge, pero no su matrimonio, a esa nueva "carne", ya que no ama a la mitad de esa unión. Ese matrimonio se pudrirá cuando la falta de "amor a uno mismo" se vaya comiendo la unión. Cuando uno se conoce y se ama como es, resulta más fácil aceptar al otro también con sus virtudes y debilidades.

Inteligencia emocional. Capacidad de enamorarse

«Cualquiera puede enfadarse, eso es algo muy sencillo. Pero enfadarse con la persona adecuada, en el grado exacto, en el momento oportuno, con el propósito justo y del modo correcto, eso, ciertamente, no resulta tan sencillo» (Aristóteles, *Ética a Nicómaco*).

Daniel Goleman enumera en su libro *Inteligencia Emocional*[3] las características o capacidades que tiene esta inteligencia: capacidad de motivarnos a nosotros mismos, de perseverar en el empeño a pesar de las posibles frustraciones, de controlar los impulsos, de diferir las gratificaciones, de regular nuestros propios estados de ánimo, de evitar que la angustia interfiera con nuestras

---

[3] GOLEMAN, Daniel, *Inteligencia emocional*, Barcelona, Kairós, 1996, p. 65.

facultades racionales y, por último —pero no, por ello, menos importante—, la capacidad de empatizar y confiar en los demás. Es evidente que todo esto es necesario en el matrimonio. La capacidad de confiar en el otro es imprescindible. No se puede estar casado desconfiando continuamente.

Empatizar es la capacidad de ponerse en el lugar del otro y ser aceptado. Llevado al matrimonio, exige tres hábitos que no debemos descuidar:

a. Hablar: es crucial. Una persona introvertida e incapaz de expresar los sentimientos no podrá mantener la relación que exige el matrimonio, es un bloque de hormigón armado. A los varones se les suele hacer difícil hablar y expresar sentimientos. A las mujeres, un poco menos. Pero ante la persona amada no podemos ser un "misterio", debemos abrirnos para que el otro nos conozca. Como decimos: en el matrimonio hay que hablar, hablar y, por último, hablar.

b. Escuchar: hay una gran diferencia entre escuchar y oír. Escuchar requiere atención, esfuerzo. Hay que dejar el móvil —celular— lejos. Y si suena, que vea que no lo cogemos. Escuchar es tan importante como hablar. Si nos sentimos escuchados hablaremos con más facilidad, pues lo que se cuenta *importa* de verdad. No es poner cara de atención y pensar en otras cosas, sin interrumpir. Escuchar es un arte. Escuchando, conoceremos al otro. Si nos dedicamos a oír en vez de escuchar, «porque me aburro y no me importa lo que me cuenta, es más, no tengo curiosidad de conocerle», tenemos que cambiar de actitud. Todo lo que atañe al otro me tiene que interesar.

c. Mirar: es la tercera pata. Mirar no es igual que ver. Mirar requiere atención y esfuerzo. La mirada dice cosas: acoge, sonríe, disculpa, ama, acompaña en las preocupaciones. Pero también puede ser cruel, inquisitiva, despiadada, destructiva. De nosotros depende el tipo de mirada que lancemos. Una mirada puede ablandar un corazón dolido.

Si cuidamos estos hábitos fácilmente nos conoceremos, comprenderemos y nos sentiremos acogidos.

Tener deseo y compatibilidad sexual

Hay personas que no tienen ningún deseo sexual y, por lo tanto, no están capacitados para casarse. En el sexo nos damos y recibimos. Si sólo damos porque no aceptamos lo que el otro nos da, jamás recibiremos los regalos que las relaciones sexuales nos traen, disfrutadas por los dos. No se debe vivir el matrimonio sin unas relaciones sexuales satisfactorias para ambos. El mejor amante no es aquel que se da completamente sin aceptar nada del otro.

Es fundamental para el matrimonio determinar si hay compatibilidad sexual. Es un error pensar que siempre se da. Nosotros decimos en las conferencias o talleres que lo ideal es que seamos lo más compatible que sea posible porque eso facilitará encontrar la persona adecuada. Pero hay parejas que no encajan: por carácter, forma de pensar o manera de comportarse. No es culpa de nadie: simplemente no encajan. Por eso es tan importante tomarse en serio el noviazgo y elegir bien a la persona con la que queremos ver si tiene futuro esa relación. La pregunta siguiente es: ¿entonces hay que acostarse con esa persona antes de casarse? La realidad es que no. Hay que saber si esa persona nos atrae sexualmente o simplemente nos gusta su compañía. La atracción sexual es un instinto y no se puede provocar. Nos atrae o no nos atrae. Hay personas que sin saber por qué no nos atraen. Aunque sean bellísimas personas y coincidan en muchos aspectos de la vida con nosotros. Cuántas veces nos han presentado a alguien extraordinario y al conocerlo no sentimos... nada.

Por otra parte, la atracción sexual es cosa de dos, como todo en el matrimonio. Hay personas que carecen de deseo sexual, o apenas lo tienen. Es un fallo muy importante en el matrimonio. Vivir el matrimonio como viven dos amigos no es vivirlo. No resulta difícil encontrar a personas que, por falta de madurez, por gustarle las personas de su mismo sexo, por ver el sexo como algo sucio, etc., no quieren tener relaciones sexuales con su mujer o marido, con la tristeza que le produce al otro cónyuge esta situación.

Tampoco debe pensarse que quien no ha sentido nunca deseo sexual hacia su cónyuge lo ha hecho con mala fe. Muchas veces esa persona está a gusto en la relación y quiere a la otra persona como se quiere a un amigo especial. Y se casa pensando que al otro le pasa lo mismo. Pero eso no deja de ser un "matrimonio" singular.

En el noviazgo son importantes las muestras de amor y de deseo. Tiene que costar no entregarse por completo. El amor en el matrimonio llama a la entrega total de cuerpo y alma. Cuando eso no cuesta en el noviazgo, quiere decir que no hay amor matrimonial sino más bien amor de amistad. Los besos en la boca, caricias, roces, palabras de amor, etc., nos tienen que excitar. De lo contrario, la atracción sexual o la compatibilidad sexual no existe.

Se puede pensar que con la convivencia aparece ese deseo. Pero si ya las parejas sexualmente compatibles sufren desacoplamientos con el paso del tiempo, qué pasará en los que nunca han tenido compatibilidad...

La realidad es que al sexo no se le ha dado la importancia que tiene y se le ha visto exclusivamente como un generador de hijos, no como algo necesario para fomentar y acrecentar ese amor. No te puedes obligar, por la voluntad, a amar a una persona. La podrás querer como amigo, en el mejor de los casos, pero *obligarte* a que sea carne de tu carne va en contra de la esencia del matrimonio.

Capacidad de perdonar

La mejor señal del amor hacia el otro es perdonar. Quizás sea la cualidad que más cuesta vivir. Perdonar es olvidar y pasar página. Cuando están por medio los sentimientos y sobre todo el amor, cualquier pequeña ofensa duele mucho porque quizá no la esperábamos. Saber perdonar y saber disculpar es un ejercicio que hace crecer el amor.

Si alguien nos dice que no le cuesta perdonar, o que no le duelen las pequeñas o grandes ofensas, puede ser que esté viviendo una vida paralela en su matrimonio, sin puntos de contacto. Ni sufre ni padece, ya que no espera nada del otro.

Siempre se dice que a las mujeres les cuesta más olvidar que a los varones. Eso se debe a que ellas tienen el hipocampo mayor que los varones —es el elefante que nunca olvida, como lo llama la neuropsiquiatra Louann Brizendine en su libro *El cerebro femenino*[4]—. En la

---

[4] BRIZENDINE, Louann, *El cerebro femenino*, Barcelona, RBA, 2007, p. 13.

mayoría de los casos no es por ser rencorosa sino porque su cerebro lo almacena sin más.

Raphael Bonelli —psiquiatra austriaco— suele decir[5] que los matrimonios se perdonan de la siguiente manera: uno siempre piensa que es el que más perdona y «que a él le tienen que perdonar menos». El que perdona piensa «le estoy perdonando un 80 % de su responsabilidad en este enfado», dando a entender que él sólo tiene un 20 %. Pero la otra parte piensa exactamente lo mismo... Es muy difícil saber el daño que se ha hecho al cónyuge, porque no estamos en su piel. Ninguno tiene razón, y lo más normal es que cada uno tenga el 50 % de la responsabilidad del enfado. Hay que ser consciente de esto para no creerse un mártir y aprender que no tenemos todos los datos, ni la misma sensibilidad o percepción de los problemas, pues uno es varón y la otra mujer. Tener las mismas áreas cerebrales pero con diferentes tamaños y diferentes conexiones neuronales hace que veamos el mundo de forma diferente y con prioridades diversas.

La mejor sensación es la de saber que nos perdonan lo que hacemos mal. Nos sentimos entendidos y disculpados, aun sabiendo que lo hemos hecho mal. El perdón no se puede exigir. Se tiene que metabolizar lo sucedido. Hay que acompañar al otro en ese proceso y no meterle prisa para que nos perdone. Es verdad que el ofendido

---

[5] Conferencia pronunciada en el I Workshop Internacional sobre Acompañamiento Familiar. Universidad Internacional de Cataluña, 14 de mayo 2022, *"Límites del acompañamiento y la intervención terapéutica en las crisis familiares"* Raphael BONELLI.

debe percibir el esfuerzo del otro en pedirle perdón, pues es una situación complicada y a veces humillante.

Ir dejando cuentas pendientes sin perdonar y seguir adelante enfría el amor. Puede que sean muy buenos compañeros de piso, pero ya no son amantes. Es una pena ir acumulando ofensas en la mochila de cada uno, que por fingir un perdón rápido van quedando vivas y enfrían el amor. Por eso es difícil perdonar: nos exige aclarar el conflicto, entender la visión del otro y el motivo de su actuación. A veces no se llega a ese entendimiento, pero si se perdona hay que hacerlo de verdad. Y luego pasar página, fiados de la buena voluntad del otro y del amor mutuo. Cuando alguien perdona, se siente libre y disfruta de su matrimonio y de la vida. Cuando es de doble dirección, madura y fortalece el amor llevándolo directamente al amor verdadero.

Dar y recibir

Durante muchas generaciones se ha enseñado que en el matrimonio hay que dar sin esperar nada. Es un error, en nuestra opinión, por la sencilla razón de que los que se entregan sin esperar nada, normalmente están dando cosas que el otro no quiere, aunque no diga nada, ya que piensa que si dice lo que quiere adopta una postura egoísta, que no está bien.

Pongamos un ejemplo que utilizamos a menudo. Uno vuelve del trabajo cansado con ganas de acostar a los niños y ver una peli en la tele. Pero supone que al otro le puede apetecer salir a cenar. Entonces al llegar a casa pregunta ¿querrías ir a cenar? Puede que el otro esté también cansado y quiera ver la peli, pero puede pensar. «Le apetece ir a cenar y le voy a dar el gusto». Con lo cual se van a cenar juntos, cuando a ninguno lo desee realmente. Y encima gastan dinero. No pasa nada por decir lo que nos apetece en cada momento, y ver después qué se hace.

Dar siempre, impide al otro dar también. El matrimonio no es una competición de a ver quién es el que más se olvida de uno mismo. No se trata de hacer feliz al otro cueste lo que cueste, aunque sea por el bien matrimonial. Se trata de hacerse felices mutuamente. Si uno está únicamente pendiente de hacer feliz al otro no se dará cuenta de tantos detalles que el otro tiene y que no se disfrutan.

Esta forma de actuar impide conocerse mutuamente porque el otro nunca sabrá si de verdad nos apetece una cosa o no. O, lo que es peor, nos estará dando cosas que no nos gustan creyendo que nos hace feliz.

Estar dispuesto a recibir es decirle al otro que le necesito, que soy vulnerable. Por otra parte, para recibir hay que hacer hueco en nuestro "yo" para que quepa el otro. Y para eso hay que sacar lo que molesta a la relación. Negarse a recibir puede ser muy egoísta y hacer infeliz al otro. Cansa mucho una persona que sólo es feliz dando, y nunca se siente feliz al recibir por su deseo de negarse a disfrutar de las cosas. Disfrutar de las cosas es la posición más inteligente para ser feliz en el matrimonio.

En ese aspecto vamos a contracorriente y mucha gente no nos compra este discurso por parecer un poco egoísta e ir en contra de lo aprendido y vivido durante toda la vida. Nuestra experiencia personal y profesional nos reafirma en este pensamiento: cuando se está atento a dar y atento a lo que nos dan, nos haremos felices el uno al otro de verdad.

Hay personas que nunca son felices. Siempre les falta algo para serlo. Todos conocemos gente que cuando les felicitas por algo bueno que les ha pasado siempre te recuerdan que podía ser mejor, o lo mucho que ha tardado en llegarles. Cuando vemos este tipo de gente que se ha casado nos preguntamos: «¿Por qué nadie avisó a la otra parte de esto?». O, «¿cómo es que se ha casado y nadie lo impidió?». El que nunca está contento no puede tener vocación al matrimonio, en nuestra opinión. Más bien sirve para vivir en el desierto, sin molestar a nadie. El matrimonio es para gente optimista y no para cenizos.

Ser feliz es fijarse en lo bueno de las cosas y no en lo incompletas que están. Ser feliz no es ser un ingenuo. Es saber vivir lo bueno que da la vida y disfrutar de las cosas, aunque sean imperfectas. Las cosas buenas pasan, es verdad, pero hay que disfrutar a tope aunque sepamos que se acaban. El "realismo" de la imperfección de la felicidad humana no nos hace más maduros sino más infelices, y no nos habilita para el matrimonio.

Si nuestro amante nos ve disfrutar de ese momento a tope, le estamos haciendo feliz y disfruta con nosotros. Hay que ser unos disfrutones de la vida y saborear lo bueno que tiene. Así, cuando las cosas no salgan bien, nos podremos apoyar en esos momentos felices para ver que no todo es negativo.

Hay demasiados matrimonios tristes y asentados en su "destino" plano y sin volumen. Se niegan a ser felices por ver siempre el lado efímero de las cosas. Hay que romper esa inercia, animarles a salir de su cáscara de amargura y demostrarles que ser feliz es posible. Y que sólo depende de ellos. Hay que desear ser feliz. Eso no es voluntarismo ni inmadurez de carácter, es saber que hemos sido creados para ser felices, y que no serlo, aunque las cosas estén complicadas, es hacer un feo a quien nos creó. Saber disfrutar de una puesta de sol, del ruido de un río, de las olas del mar, de un abrazo, de un beso, etc., no implica negar las dificultades de la vida.

Hace ya tiempo, en una fiesta de fin de curso de uno de nuestros hijos, una persona nos dijo: «¿Cuánto va a durar la inocencia de estos niños? No saben el mundo que les espera»... ¿Se puede ser más cenizo? Te amarga la fiesta y contamina el ambiente con su "realismo" corrosivo. Son como esos periodistas para los que todo es negativo y controlado por poderes ocultos. Van expandiendo alrededor su propia amargura.

Todos tenemos cualidades y defectos pero, aunque sepamos aprovechar los talentos, si sólo nos fijamos en las carencias nunca seremos felices. En el matrimonio sucede lo mismo.

El otro día estábamos tomando unas cervezas y en la mesa de al lado había una pareja que tenía la cara bastante seria. Iban saludando a gente que pasaba y después de sonreírles les criticaban («míralos, no tienen un duro... y tan felices. Son unos inconscientes»). Y así, uno tras otro. Me dieron mucha pena porque no se les veía disfrutar de estar juntos sino que denigraban a los que sí disfrutaban. Me dieron ganas de organizar una sesión con ellos para explicarles que también podían ser felices como los otros.

Saber ser feliz es una cualidad imprescindible en la vida matrimonial. Nadie puede ser feliz si cree que es imposible.

II.
CÓMO VIVIR UN BUEN SEXO
EN EL MATRIMONIO

1. La noche de bodas y más

Antes de empezar hay que decir que la noche de bodas puede no salir como se soñaba. ¡Cuántos sueños, cuántas expectativas, cuántos planes y cuántas desilusiones nos podemos llevar! Lo normal es que no sean las mejores relaciones sexuales en la historia de cada matrimonio. Diríamos que más bien deben ser las peores en cuanto a disfrutar el uno del otro. No en cuanto al amor y delicadeza, que siempre deben de estar presentes.

Hay mucha expectación por parte de la pareja esas primeras veces. Cada uno lo vive desde su sexualidad de mujer o de varón. Es muy importante tenerlo en cuenta porque esa diferencia puede llevar a un desencuentro. Y sobre todo no hay que hacer una tragedia de lo que es UNA noche, comparada con toda la vida futura que comienza hoy. Ya lo hemos explicado en nuestro libro *Sexo para inconformistas*: el varón es demasiado impetuoso, en general, y la mujer más romántica. Cada uno se lo ha imaginado con una coreografía diferente.

Hoy las bodas suelen ser por la tarde, seguidas de la cena y la fiesta posterior. Así que los novios se acuestan tardísimo, si es que lo hacen. Llegan agotados y con algunas copas encima. Todo esto no ayuda a que haya un encuentro en condiciones. Por eso es bueno dejarlo para cuando estén descansados.

Hay que pensar que la novia lleva la mayor parte de la carga de una boda. Ellas han soñado muchas veces en cómo querrían que fuera su boda y desean que todo salga a la perfección. Los chicos no es habitual que hablen de cómo les gustaría que fuera el arreglo de las mesas, las flores en la iglesia, cómo quiere llegar al lugar de la ceremonia, cómo harán las invitaciones de boda, cómo van a preparar el desarrollo de la cena, etc. Cosas que a las chicas generalmente les encanta, incluso antes de tener novio. Somos muy diferentes. Así que la novia llega más cansadas y sigue teniendo en la cabeza muchas cosas: si todo el mundo lo ha pasado bien, si estuvo atenta con todos, si las fotos salieron como ella quería... Piensa en la amiga que se quedó sola, en los que bebieron más de la cuenta y montaron un número, y en tantas otras cosas. Tiene que ir relajándose y desconectando de la fiesta que ya acabó. Su amígdala cerebral está hirviendo. La amígdala es esa parte del cerebro que nos mantiene alerta de los peligros y de lo que requiere nuestra atención. A las chicas les cuesta desconectar esta parte cerebral. Y eso les impide centrarse en otra cosa como puede ser el sexo.

A veces se quiere alargar tanto la fiesta que parece más importante que la boda en sí. Por eso pensamos que es mejor no crear muchas expectativas. Entre otras cosas porque el cuerpo da para lo que da, aunque sea joven.

Al día siguiente por la mañana, si no hay compromisos, relajados y descansados, se puede tener ese encuentro deseado.

Lo normal es llegar con muchas ganas de esa entrega mutua. Tiene que haber complicidad para buscarla. Como sabemos, el varón tiene el área sexual cerebral 2,5 mayor que la mujer, así que es normal que ellos deseen tener más encuentros. Ella, una vez desconectada de la boda y centrada en el viaje, también es normal que lo esté deseando. Todo es novedad. Hayáis tenido o no relaciones anteriores, la situación ahora es diferente. Probablemente no salga como cada uno había imaginado. Hay que ser sencillos y contar lo que no salió tan bien. Hay que reírse. Lo que no es normal es que uno —o los dos— no desee ese encuentro. Ahí algo no funciona.

Hace un tiempo nos contaban unos novios que estaban viviendo la espera, pero que les costaba muchísimo. Habían decidido intentar no quedarse solos mucho tiempo porque se querían tanto y se deseaban tanto que se ponían ardiendo enseguida. Nos preguntaban si eso era bueno. A otros amigos suyos no les pasaba... o por lo menos contaban otra película.

Les tranquilizamos y les dijimos que eso es lo normal en dos personas enamoradas. Nunca se debe olvidar que el sexo es algo que pide un corazón enamorado, sobre todo al principio del matrimonio de forma espontánea, y después, preparándolo con muchas ganas y obteniendo relaciones más satisfactorias que al principio, porque se conocen mucho mejor. El sexo es limpio y está puesto para disfrutar en el matrimonio.

Probablemente el varón se lo imagine más como en las películas, donde los encuentros tienen más coreografía masculina que femenina. Hay una tendencia a llevar a la mujer hacia la sexualidad masculina en vez de valorar lo que tiene de propio la sexualidad femenina.

En las películas se ve a la pareja que se miran, se desean y se acuestan. Al llegar esta situación, el varón se acopla con más facilidad ya que su curva de excitación es en forma de "v" invertida, más rápida que la mujer. Además su área sexual cerebral es mayor, con lo que se facilita esta reacción tan explosiva. No así la mujer, cuya excitación es más lenta y mantenida, y se excita más por el sentir que por el ver.

Cada uno debe decir cómo quiere que sean esos encuentros, sin vergüenza. Hablar de esto puede no ser fácil en algunos casos. Hay que ir "obligándose" a ser comunicativo. No podemos esperar que el otro/a adivine lo que nos gusta y cómo nos gusta. Si se habla, os conoceréis antes y disfrutaréis más. Cada vez os costará menos, y llegará un momento en que lo comentaréis con normalidad. Otra cuestión importante es el miedo que se puede tener de no estar a la altura, o que uno de los dos tenga tal cantidad de nervios que sea incapaz de dar un beso… Pues CALMA, paciencia. Toca no agobiarse y estar juntos tranquilamente, hablar de lo que ha sido ese día, de las cosas que os han gustado, de los detalles de cariño, de los invitados, de si habéis podido comer algo o no. Puede ser que ya podáis tener las relaciones deseadas... o quizá no.

Habrá más ocasiones, y recordaréis esa primera vez con una sonrisa.

Pero todo esto lleva un tiempo para que se vaya acoplando la sexualidad de cada uno a vuestro matrimonio. Quizás sea la complementariedad más difícil junto con la de paternidad-maternidad.

El deseo sexual y el de ser madre o padre son dos instintos que están desarrollados de forma diferente en los dos sexos. Si no los controlamos se "desmadran". Por eso es tan importante ponerlos al servicio de la vida matrimonial.

Hay veces que ella, por nervios, cansancio, mala educación sexual, malas experiencias anteriores, inseguridades, miedo a que le haga daño, etc., impida inconscientemente la penetración: a eso se le llama vaginismo. Es un tema que bloquea a las mujeres porque lo hacen involuntariamente y se sienten culpables.

Se tienen que relajar y saber que tiene arreglo. La labor del marido es muy importante. Cuando no se consigue, es necesario pedir ayuda a un especialista. En nuestro libro anterior damos unas pautas que pueden ayudar para superar este problema.

Las relaciones sexuales en el matrimonio son fundamentales. Conllevan tal pasión y disfrute que facilitan de modo soberano el proyecto de vida matrimonial. Podíamos habernos reproducido por esporas como algunas plantas, o siendo hermafroditas como los caracoles. Sin embargo, la naturaleza es muy sabia y unas buenas relaciones íntimas nos ayudan mucho. ¡Es algo tan humano! La convivencia es gozosa, hay complicidad, y el perdón y la disculpa son fáciles. Despreciar el sexo sería despreciar algo fundamental de la naturaleza humana.

En algunos ambientes parece socialmente incorrecto hablar de sexo, incluso vergonzoso. ¿Hace cuánto que no habláis de sexo en la pareja? Tenemos que conocer nuestros gustos sexuales.

La gente "sensata" nos dice: «Hay formas más generosas, costosas e importantes con las que demostrar el amor».

Pues nos parece un poco masoquista. ¿Algo que está ahí para el disfrute exclusivo del matrimonio, y no lo aprovechamos? Ahí falta generosidad y lucha por vivir a tope el matrimonio.

Veamos. La complementariedad sexual en el matrimonio requiere implicación. La forma de sentir y de vivir la sexualidad de cada cónyuge es muy diferente. Sus necesidades sexuales son distintas. Cuando va pasando el tiempo se van marcando estas diferencias. El varón necesita más de estos encuentros para sentirse amado, valorado y deseado. La mujer tiene otras maneras para suplir esta falta de relaciones sexuales.

Al principio todo suele ir relativamente bien. La atracción es grande, se ha vivido la espera —en muchos casos—, las hormonas están a tope, los cuerpos son jóvenes y bonitos y todo esto hace que no haya nada que impida tener esas relaciones con intensidad y en cualquier momento.

Es verdad que hay que ir acoplándose y descubriéndose el uno al otro. Pero la falta de experiencia se suple con las ganas. Y los que tienen experiencias anteriores con otras personas, tienen también que adaptarse de nuevo ya que cada persona es única e irrepetible, y su forma de vivir el sexo también.

Muchas veces nos preguntan: «¿Qué pasa con el sexo al cumplir años?». Es lógico que sea una preocupación de los matrimonios jóvenes.

El tiempo pasa y las preocupaciones aumentan con lo que pueden empezar los desajustes sexuales. Son generalmente inevitables, e incluso necesarios para ir mejorando la complementariedad sexual y madurando. El ser humano se diferencia del resto del mundo animado en su capacidad de tener interioridad y en su autocontrol. Por eso se nos abre un mundo maravilloso para conocer y experimentar la sexualidad.

Resumiendo: el tema de la noche de bodas es importante ponerlo en su lugar. Preparar una boda puede suponer tal grado de estrés que no te deje disfrutar de un momento tan importante de nuestra vida, en el que ya comenzáis a ser uno. Es fácil decirlo, pero a veces dejamos que lo externo ejerza tal presión que nos olvidamos de lo fundamental y nos quedamos con lo accesorio, que a fin de cuentas no va a intervenir de ninguna manera en vuestro matrimonio.

2. El placer sexual en el matrimonio

Hablar del placer sexual sólo en el matrimonio es muy importante. Las relaciones sexuales más satisfactorias requieren una estabilidad en el tiempo, con la voluntad de crear una biografía común, en la que los hijos crezcan en un ambiente de confianza con sus padres y que todo esté regado por el amor de los amantes. Eso es el matrimonio.

Cuando las relaciones sexuales se tienen en ese ambiente de confianza, estabilidad, intimidad, complicidad y amor, en nada se parecen a otro tipo de relaciones sexuales, aunque un observador superficial pueda pensar que son iguales. Son muy diferentes. Incluso dos relaciones sexuales realizadas por dos matrimonios, las dos abiertas a la paternidad y maternidad, unas bañadas por el amor de los amantes y la otra sin amor o con desprecio, no son iguales.

Hablemos del placer. El placer afecta a todos los sentidos. Podemos sentir placer al comer, al oír música, al oler, etc. En la naturaleza del ser humano el placer está puesto como algo bueno, que nos ayuda a disfrutar de las cosas y de las personas. Produce placer hablar con unos amigos y descansar con ellos. O una conversación con aquellas amigas con quienes nos sentimos entendidas y disculpadas.

Pero, en algunos ambientes, hay un placer del que "no está bien hablar". Parece dispuesto para tropiezo de las personas. Y que la naturaleza lo ha puesto para atrapar al ser humano en vez de para hacerlo más feliz. Es el placer sexual.

Aquellos placeres, sean los que sean, que se buscan sólo para darnos gusto de forma egoísta van por camino equivocado y se pagan caro. Pero cuando se buscan para compartir y unirnos a los demás, en el ambiente adecuado, son siempre buenos. Todos los placeres tienen unas reglas que la naturaleza ha puesto y si no se siguen esas condiciones nos encierran en nosotros mismos en vez de abrirnos a los demás.

Si comemos sin control, sólo por placer, estamos cometiendo un exceso que frecuentemente se paga con alguna indisposición. Pero si disfrutamos comiendo con otras personas ese placer nos une a ellas. Lo mismo, al reír sanamente nos lo pasamos bien. Pero si lo hacemos a costa de otros, burlándonos de los demás, ese placer nos hace cínicos y egoístas. Todo placer mal vivido nos convierte en peores personas.

El placer sexual no es una excepción. El sexo implica una relación de amor y de entrega mutua de por vida. Fuera de esa relación de amor hay un mal uso del sexo. Algunas veces se ha hablado de que el placer en las relaciones sexuales del matrimonio no es importante, e incluso que hay que intentar evitarlo como acto de generosidad. Es más, algunos defienden que las relaciones sexuales están diseñadas sólo para la procreación. En nuestra opinión, se confunde una posible consecuencia con el fin. Parece que el placer sexual está puesto para engañar a los seres humanos para que tengan hijos.

Esta manera de pensar ha llevado a querer separar la maternidad del placer. Especialmente para "liberar a la mujer" y que pueda tener sexo "libre", es decir: donde quiera, cuando quiera y con quien quiera. Las conductas que buscan separar la maternidad o paternidad del placer sexual conducen a unas relaciones que no dan los beneficios que se pueden esperar del sexo.

Hay algo que no se puede perder de vista: las relaciones sexuales deben de ser completas. Por completas nos referimos a la entrega de cuerpo, alma y corazón. Estar abiertos a un nuevo hijo es algo básico e imprescindible. Eso es así, también, en los animales. Cuando se tienen relaciones sexuales es imposible no entregar el cuerpo y el alma, ya que van juntos. Queramos o no, nos entregamos en cuerpo y alma. Por eso una violación es tan grave, porque supone robar no sólo el cuerpo sino también el alma. Lo que diferencia a las relaciones sexuales humanas de las de los animales es la entrega del corazón. Sólo el ser humano es libre de entregarlo o no.

En el acto sexual que busca sólo la satisfacción propia no hay entrega del corazón. Hay pasión y placer, pero no amor. Ese tipo de relaciones no mejora a la persona. La vuelve cada vez más egoísta e insatisfecha.

Pero cuidado, que esto también puede suceder dentro del matrimonio. Cuando hay relaciones sexuales en un matrimonio y uno, o los dos, no entrega su corazón, se emprende un camino de egoísmo e insatisfacción. Se busca el placer personal en vez de la entrega al otro. Pero dejar que el otro utilice tu cuerpo teniendo cerrado nuestro corazón, nos vuelve egoístas e insatisfechos. El placer sexual es una bendición, pero tiene unos requisitos.

Hay un condicionante anterior a todo lo explicado hasta ahora. Y es que todo ser humano tiene en su entraña el deseo de amar y ser amado. Para aquellos que sienten esa llamada especial y personal al matrimonio ese deseo se cumple al encontrar a la persona a quien uno se entrega de por vida y al prometerle fidelidad de alma, cuerpo y corazón. Toda relación sexual al margen de este compromiso es un engaño a la naturaleza propia de la persona.

Al explicar el placer sexual a quienes no entienden o no valoran de manera adecuada el matrimonio nos tropezamos con miradas de desconfianza e incluso a veces con ojos sucios. El placer sexual mejora a los matrimonios que siguen las instrucciones que el ser humano tiene para ser feliz.

Muchas veces todavía se oye: «Si no hubiera placer en las relaciones sexuales no habría forma de que los varones tuvieran hijos». Es de un simplismo y de una falta de confianza en el ser humano que nos produce una gran preocupación. Parece que el placer sexual está puesto para el varón y que la mujer es una comparsa.

Nosotros creemos que el placer sexual ayuda a mejorar la vida matrimonial porque se perdona con más facilidad, hay más complicidad, el encuentro paternidad-maternidad es más fácil y la educación de los hijos es mejor.

Por todo lo explicado es muy bueno buscar el placer sexual dentro del matrimonio. No es egoísmo que lo busquen los dos. Por eso, si uno no disfruta habitualmente, hay que hablarlo y ver qué pasa.

Resumiendo: buscar el placer sexual al margen del ámbito para el que está creado conduce a la soledad y a la insatisfacción. Por el contrario, cuando se busca en la relación adecuada de amor y de entrega, el matrimonio nos hace más generosos y nos llena.

3. El orgasmo

Se llama orgasmo al momento de mayor excitación sexual, tanto del hombre como de la mujer, aunque en ambos se produce de modo diferente.

Empecemos por la mujer. ¿Qué debemos saber de la excitación de la mujer?

Lo primero: ella debe desconectar de todas las alarmas y reclamos para poder disfrutar de ese encuentro. A la mujer le afecta todo lo que ocurre las 24 horas antes. Puede estar deseando la relación, pero un disgusto, un enfado con uno de sus hijos o con su marido, la lavadora que no funciona, etc., le impide disfrutar o le lleva a desechar ese encuentro.

Nos gusta el texto de Louann Brizendine —investigadora y neuropsiquiatra— donde explica el orgasmo femenino en una de sus pacientes. Dice textualmente: «Si efectuáramos una exploración por resonancia magnética funcional (IRMF) del cerebro de Marcia mientras se iba a la cama con John, encontraríamos que muchos de sus circuitos cerebrales estarían altamente activados. Mientras ella se deslizaba entre las cálidas sábanas, acariciaba a John y empezaban los abrazos y los besos, ciertas áreas de su cerebro se irían calmando, y zonas sensibles de los genitales y el pecho empezarían a iluminarse. Cuando John empezara a tocarle el clítoris, las luminosas áreas cerebrales de Marcia se pondrían rojas y, a medida que fuera excitándose mientras le frotaba el clítoris, el área cerebral de las preocupaciones y el temor —la amígdala— se desactivaría, hasta aparecer con un color azul. Conforme se fuera excitando más y lo atrajera hacia el interior de su cuerpo, la amígdala se desactivaría completamente y los centros de placer virarían a rojo, hasta que —bingo— las rápidas ondas palpitantes del orgasmo inundarían su cerebro y su cuerpo»[1].

---

[1] Brizendine, Louann, *El Cerebro femenino*, RBA, 2007 p.120.

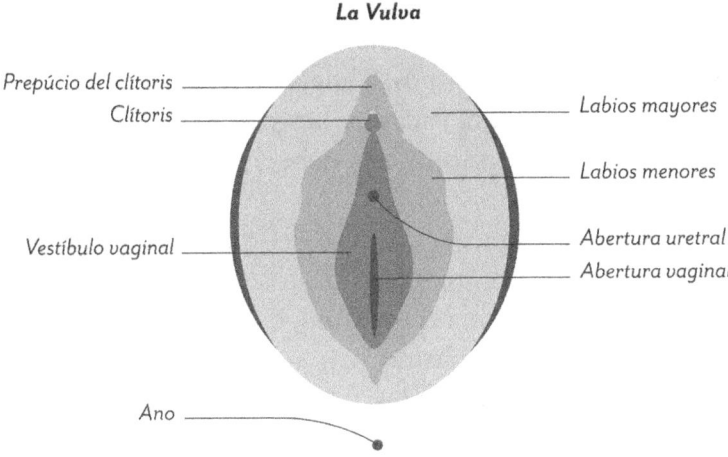

La Vulva

Prepúcio del clítoris
Clítoris
Vestíbulo vaginal
Ano

Labios mayores
Labios menores
Abertura uretral
Abertura vaginal

Esquema tomado de Nicole Telfer y Clár McWeeney

Cuando se lleva un tiempo casados, para llegar a ese momento hace falta prepararlo, programarlo, agendarlo… De lo contrario, es más difícil desconectar de las preocupaciones que bullen por la cabeza, sobre todo de la mujer.

El clítoris es muy importante en la excitación de la mujer. El roce del clítoris con el pene del varón irá excitando a la mujer.

El orgasmo en la mujer puede tener importancia a la hora de que se produzca la fecundación. Va acompañado de aliento acelerado, gemidos, corazón alborotado, contracciones, espasmos musculares, estado de placer casi alucinógeno y succión uterina. Las contracciones musculares y la succión uterina favorecen la fecundación.

«Alcanzar el orgasmo en la mujer no es automático, requiere de 3 a 10 veces más de tiempo que en el varón en el coito, si no hay una preparación previa»[2]. La curva de excitación es más lenta, pero una vez empezada se mantiene más tiempo con posibilidad de tener varios orgasmos de diferente intensidad, y luego se va relajando más lentamente que el varón, que deberá acompañarla hasta la relajación total.

Y además se queda, después del orgasmo, relajada y quieta, con lo que es más fácil el proceso. Otra gente dice que no sirve para nada el orgasmo, que mujeres que nunca han tenido un orgasmo han sido madres de familia numerosa. Lo que nosotros pensamos es que sirve para unir más al matrimonio, y para recibir esos premios de los que ya hemos hablado.

El mejor afrodisíaco para una mujer es el sentirse profundamente amada y deseada. Para llegar al orgasmo tiene que sentirse cómoda, abrigada, relajada y mimada. Pero cualquier pensamiento negativo, mal olor, un comentario desafortunado, la culpa, temor, etc., pueden interrumpir su excitación.

Para la mujer el sentimiento es lo más importante, mientras que para el varón es la visión. Al varón pueden afectarle quizá sólo los acontecimientos que ocurran tres minutos antes. Sus órganos sexuales están a la vista, no sólo siente su excitación, sino que la ve.

El área preóptica medial —área sexual cerebral— es entre dos y tres veces mayor que en la mujer. El varón se excita con más facilidad y tiene más presente el sexo que la mujer. Piensa en sexo el doble que la mujer, en general, y su curva de excitación es más rápida.

---

[2] HOLSTEGUE, G., et al, 2003.

Dennis Revicki[3] afirma que el 75 % de los varones eyaculan en los primeros 10 minutos posteriores a la penetración. Este dato es muy importante para los jóvenes varones que, muchas veces, piensan que sufren de eyaculación precoz.

Julie Richters[4] dice en uno de sus artículos que el 95 % de los varones llegan al orgasmo en sus relaciones sexuales, mientras que entre las mujeres sólo llegan el 69 %. Se ve claramente el desfase entre un sexo y otro. En el estudio entran tanto los encuentros de los que tienen pareja estable como los que se tienen esporádicamente con diversas personas.

En un estudio en China[5] sobre orgasmos fingidos se ve que las mujeres fingen más el orgasmo para no quedar mal. Hace falta un verdadero estudio sobre la sexualidad femenina y valorarla en lo que tiene de propio, y no compararla con la sexualidad masculina. No es normal ni bueno que la mujer sólo llegue al 69 % de las veces al orgasmo, y que tenga que fingirlo para complacer al varón.

---

[3] REVICKI, Dennis, HOWARD, Kellee, HANLON, Jennifer, MANNIX, Sally, GREENE, Alison, y ROTHMAN, Margaret, *Characterizing the burden of premature ejaculation from a patient and partner perspective: a multi-country qualitative analysis*, Health and quality of life outcomes, 2008, vol. 6, n. 1, pp. 1-10.

[4] RICHTERS, Juliet, DE VISSE, Richard, RISSEL, Chris Rissel y SMITH, Anthony. Sexual practices at last heterosexual encounter and occurrence of orgasm in a national survey, *Journal of sex research*, 2006, vol. 43, no 3, p. 217-226.

[5] FORD, Jessie V., CARTER, Allison, and TH WONG, Horas, Orgasm and Faking Orgasm: Heterosexual Interactions in China, *The Journal of Sex Research*, 2023, vol. 60, n. 4, pp. 484-497.

Muchas veces esta diferente sensibilidad provoca que el matrimonio viva un desencuentro, cuando no un enfado, por no comprenderse el uno al otro.

Estamos en pañales en la educación de la sexualidad femenina. No se trata de imponer una sexualidad sobre la otra, sino más bien de valorar en cada caso lo que tiene de propio y de complementario con la otra. Intentar igualar y llevarlas a una solución unisex es un gravísimo error.

Con el paso del tiempo el sexo ya no es lo que era. Se manifiestan de manera más clara las diferentes necesidades sexuales de cada uno. Por lo general el deseo del varón no disminuye, y en cambio el de la mujer sí, porque sus necesidades afectivas en parte están cubiertas por el amor de sus hijos. Lo afectivo y lo sexual está muy relacionado en la mujer. Los problemas entre la pareja desconectan más a la mujer que al varón, por su constitución cerebral.

También puede pasar que el varón no haya cuidado el placer en su mujer y sólo haya estado pendiente de sí mismo. Con lo que la mujer se siente utilizada, no se encuentra cómoda y se aburre.

En un matrimonio es imprescindible apreciar la diferencia. Si no aprecias la diferencia como algo que te hace mejor y que te completa, el matrimonio no es tu camino. No lo recorras. Un profesor mío decía que no es lo mismo ser patriota que ser nacionalista. Y lo explicaba: «El patriota ama su patria y se siente orgulloso de ser de ese país. Ve las virtudes, pero también las de los otros países, y se alegra con ellas. El nacionalista ve las virtudes de su país y reniega de las de los otros. De los problemas de su país siempre tienen la culpa los extranjeros o los otros países que les oprimen. Nunca se dan cuenta de que, más que amar a su país, lo que hacen es menospreciar a los otros».

Algo así puede suceder entre varones y mujeres. Hay personas que sólo ven cualidades en su sexo y minusvaloran al otro. Disfrutar de la diferencia te hará más feliz. Porque ves que el otro sexo te complementa y te da otra visión de la vida.

Cuando hablamos de las diferencias, nos suele pasar que alguien se siente ofendido/a al oír hablar de las virtudes o deseos del otro sexo. Así, cuando hablamos de que los varones son más competitivos, no falta una mujer que diga «nosotras también lo somos», o «qué simples, siempre quieren quedar por encima». Y cuando hablamos de que las mujeres son más empáticas, alguno puede sentirse ofendido por creer que se le echa en cara que no es empático. Claro que hay mujeres muy competitivas y hombres muy empáticos, pero cuando se habla en general, que es la forma de entenderse, la realidad es que mayoritariamente los varones son más competitivos y las mujeres más empáticas.

Veamos un ejemplo: cuando un entrenador explica cómo juega el equipo contrario está hablando en general. Ya se sabe que no siempre el otro equipo hace lo mismo, pero sí la mayoría de las veces. Eso les sirve para entender el juego del rival. También una decoradora suele utilizar determinados materiales. Eso no quiere decir que en un preciso momento no utilice otros, pero en general no lo hace.

Si queremos entender el mundo masculino y el femenino, debemos generalizar al principio, y después bajar al detalle.

Nos hemos alargado en esta explicación, pero es necesaria para entender que hablar de las virtudes de un sexo no quiere decir menospreciar al otro.

La persona que está orgullosa de su sexo, pero entiende que el otro también es igual de digno y de maravilloso, tiene una cualidad imprescindible para el matrimonio.

Para la famosa complementariedad es necesario que amemos las diferencias con nuestra mujer o nuestro marido. Que las veamos como una ayuda para completar nuestra visión. Siempre decimos que sobre el papel es fácil aceptar la diferencia, pero que en la vida real tenemos problemas reales. Podemos ver un problema clarísimo, pero nuestra pareja nos dice que lo ve de otra manera: entonces hay que pararse y tratar de comprender ese otro punto de vista. Cuesta mucho. En nuestro libro *Sexo para inconformistas* hablamos con más amplitud de la sexualidad masculina y femenina.

4. Cómo vivirlo

Muchas veces, con el tiempo, los gustos y deseos van cambiando y pueden provocar malentendidos. El no hablar de los gustos sexuales propios provoca que cada uno se comporte como "piensa" que al otro le gusta, y no como "sabe" que al otro le gusta. Si alguno cree que no es atendido en el tema sexual como desea, debe decirlo y ser escuchado por el otro.

Todos estos desajustes, y algunos más, son llamadas de atención y también de madurez personal. Cuando se van solucionando estos problemas, el matrimonio se va uniendo y conociendo más. Las relaciones íntimas también mejorarán y serán más satisfactorias que las del principio, al conocerse mejor y aumentar la complicidad. No se debe pensar que este tipo de relaciones sólo son para los recién casados. Es un grave error muy extendido y puede ser que obren así por comodidad o por pensar que la atracción sexual se acabó.

Resumiendo: las relaciones sexuales deben mejorar con el tiempo. Renunciar a superar esos desajustes, por otro lado inevitables, hace que los esposos se separen sin darse cuenta. Las relaciones sexuales mejoran si conocemos mejor los gustos sexuales del otro.

En una encuesta que realizamos en nuestra cuenta de Instagram a la que contestaron más de mil personas, jóvenes la mayoría, hicimos la siguiente pregunta: *¿Qué tipo de educación sexual habéis recibido?* El 40 % contestó que no la tuvieron. El 35 %, prohibitiva y de pecado. El 15 %, muy realista y con confianza en sus padres. Por último, el 10% respondió que demasiado angelical —príncipe azul—. Así que el 85 % de los jóvenes que contestaron no estaban contentos con la formación recibida en este tema.

No se habla de sexo en la familia. La realidad es que a muchos padres y jóvenes recién casados les falta formación sobre el sexo. A nosotros nos preguntan muchas veces: «¿Qué está bien en las relaciones sexuales matrimoniales?», «¿qué pensáis de...?». Vamos a explicar lo que, después de años de formación, pensamos acerca de diferentes prácticas sexuales.

Lo más importante es que en unas relaciones sexuales se entrega cuerpo, alma y corazón. Para que unas relaciones sexuales produzcan los beneficios que están previstos además de una entrega total, lo básico es estar abiertos a la vida. Sin esa actitud no entregamos el cuerpo completo. Por lo tanto, una "condición" lógica es que exista penetración vaginal y que se produzca entonces la eyaculación sin impedimentos. Esto son cuestiones elementales. No hay entrega completa del cuerpo si no se entrega la facultad de engendrar. Pero eso es lo básico, ya que los animales también están abiertos a la vida y nosotros somos mucho más que animales. Lo que hace humanas unas relaciones sexuales es la entrega del corazón. En la plenitud de la relación sexual entre varón y mujer, en el matrimonio, siempre está presente el corazón.

5. Otras consideraciones

Juguetes sexuales

Hay muchas veces que se ven estos juguetes como algo sucio e incluso vicioso. La realidad es que hay poco que criticar si facilitan una entrega total y nos ayudan a disfrutar. Siempre que no sean malos para la salud de cada uno.

Por entrar en ejemplos. Los aspiradores vaginales o los vibradores se pueden usar para excitar a la mujer si a esta le cuesta excitarse. Se pueden usar en los previos sin problema, siempre que se acabe en la penetración vaginal y la eyaculación se produzca dentro de la mujer. Con esta regla general cada uno puede saber qué está bien y qué no.

Los juegos de cartas que te invitan a hacer ciertas cosas siguen el mismo criterio. Si lo que te invitan no ofende la sensibilidad de ninguno y sigue el criterio anterior de penetración y eyaculación no hay problema. Obligar a alguien a hacer algo contra su voluntad es violentar su sensibilidad.

Hay montones de juguetes sexuales. Siempre hemos dicho que la denominación de juguetes no nos gusta mucho porque parece que son inofensivos en cualquier situación o persona. Cosa que no es así cuando se usan de forma inadecuada. Pero para que se entienda de qué hablamos nos hemos decidido a llamarlos así.

Sexo oral

El sexo oral es usar la boca, lengua o labios para excitar a nuestro marido o mujer.

En esta explicación no se incluye como sexo oral el "anilingus", que es excitar el ano con la boca, lengua o labios. Es una práctica más peligrosa y generalmente poco aceptada porque requiere unos preparativos específicos que luego explicaremos en el "sexo anal", si no se quiere uno llevar una sorpresa desagradable en forma de heces.

Aclarado esto, cuando hablamos en este apartado de sexo oral nos referimos a la "felación" —pene— y al "cunilingus" —vagina—. Esta práctica tiene el peligro de producir una infección en la boca o en los genitales. La limpieza es muy importante. Cuidado con utilizar productos que cambien el pH natural de la boca o de los genitales y que pueda facilitar la infección. No es una práctica sin riesgos.

Hay que saber el grado de excitación que vamos provocando para que no se reduzca a una masturbación. Por eso es bueno ir hablando e indicar al otro cuándo tiene que parar y pasar entonces al encuentro total.

Muchas veces nos preguntan si cuando se usan los "métodos naturales" se puede acudir al sexo oral en los días en que "no se puede". En nuestra opinión, que coincide con las buenas prácticas sexuales, hay que decir que no, ya que esta práctica, bien utilizada, busca la excitación para llegar al orgasmo con más facilidad durante el encuentro. Es un error buscar la masturbación para desfogar la tensión sexual. La razón es que conseguimos los efectos de una masturbación y no del encuentro sexual. Y queda una sensación de vacío, ya que no hay encuentro total.

Sexo anal

Esta práctica es más compleja. Hay que tener en cuenta que se produce una penetración *contra natura* —contra la naturaleza—. Los esfínteres anales están preparados para la salida de las heces, no para la introducción de nada. Es una práctica de alto riesgo por sus posibles infecciones —se recomienda siempre el uso de preservativo— y por las posibles fisuras que se puedan producir. Así que lo primero es una limpieza esmerada del ano tanto por fuera como por dentro. Hay personas que no lo recomiendan por cambiar las condiciones naturales del recto. En nuestra opinión, es bastante arriesgado, ya que al estimular el ano podemos provocar la evacuación de heces. Así que es mejor usar antes de la relación enemas o microenemas o baños anales para vaciar el aparato digestivo de material fecal y no tener sorpresas desafortunadas.

También el dolor de la penetración es un tema que echa para atrás a mucha gente. Lo cual es lógico.

Otra cosa que conviene tener en cuenta es que estas relaciones no son como nos las presentan en la pornografía tanto visual como escrita. Ahí todo fluye con gran facilidad y espontaneidad, y en realidad, como hemos dicho, requiere una gran preparación y asumir unos riesgos. Creemos que no hace falta entrar en más detalles. Se ve claramente que, como modo de excitación en los previos, es un mal método o simplemente no vale. Y claro, habría que limpiar el pene para luego introducirlo en la vagina.

Demasiadas precauciones que desactivan el erotismo del encuentro y demasiados riesgos que, creemos, no merecen la pena. Por último, dado que se fuerza la naturaleza de los esfínteres anales, hay que ejercitarlos para que se sigan cerrando adecuadamente.

Os vamos a ser muy sinceros. El sexo anal es un mal invento, que no merece la pena ni siquiera pensar en él.

Masturbación mutua

Masturbarse es estimular los órganos genitales buscando el orgasmo.

La masturbación es una práctica que empieza antes en los varones que en las mujeres. La razón puede ser variada: tener los órganos sexuales más a la vista; la excitación a través de la mirada, que provoca la erección; picores en el glande que llevan a la masturbación; el acumulo de esperma y la necesidad de salir, que provoca sueños eróticos y un orgasmo; la curiosidad de repetir ese orgasmo fuera de los sueños o de las relaciones sexuales; los "mayores" que enseñan a los "pequeños" y se constituyen en sus "maestros". Y muchas razones más que hacen que los varones se masturben a una edad más temprana que las mujeres.

El área sexual cerebral es mayor en el varón que en la mujer. La contemplación de escenas eróticas provoca excitación y fácilmente lleva a la eyaculación si no se tiene autocontrol. También en los vestuarios de adolescentes hay concursos de quién se masturba más rápido. Hay varones que tienen un problema con la masturbación. No es un tema menor en el varón, si no lo controla.

El varón que tiene una vida sexual satisfactoria no "necesita" la masturbación. Creemos que si aun así se masturba es porque hay una carencia en la personalidad o un hábito adquirido que pesa en la conducta.

En la mujer, su área sexual cerebral es menor, sus órganos sexuales están más escondidos. Sus puntos erógenos vaginales no son tan accesibles como los del varón, con lo que la masturbación es más complicada. Por eso, a la mujer se le proporcionan unos "juguetes eróticos", para que más mujeres se animen, aunque sólo sea por curiosidad. Otra diferencia es que, para cualquier varón, en general, entre acostarse con una mujer o masturbarse elige tener relaciones con una mujer. Porque como hemos dicho, la masturbación es en muchos casos un sustituto de la falta de relaciones sexuales, ya que el varón requiere menos que la mujer para llegar al orgasmo. La mujer muchas veces no llega al orgasmo porque el varón se olvida de ella y sólo piensa en su placer. Otras veces ocurre que la mujer no consigue concentrarse y olvidar las cosas pendientes que tiene en la cabeza y se inhibe. Se tiene que relajar por completo y sólo pensar en disfrutar, y eso para la mujer no es tan fácil como para el varón. Por eso, estos aparatos sexuales hacen lo que quiere la mujer. Y lo usa cuando quiere y como quiere. Es difícil que un pene compita con esos aparatos porque la mujer no puede controlar el pene a su antojo.

Parece interesante. Pero la realidad es menos bonita. Algunas mujeres ya empiezan a pedir ayuda porque son incapaces de disfrutar del sexo con varones. Y para ellas lo que empezó como un juego se ha convertido en un problema. Les gustaría disfrutar con su pareja cuando tienen ocasión de estar tranquilas y no lo consiguen. Porque es muy difícil que el pene del varón esté rozando el clítoris de la mujer al ritmo y a la suavidad que ella lo hace con el aparato. Es verdad que no les pasa a todas y que hay mujeres que se excitan con más facilidad que el varón, pero no es lo habitual en nuestra experiencia.

Hoy se hablan maravillas de la masturbación y de que durante siglos se la ha maldecido. Y que es hora de que nos libremos de esos prejuicios.

En la naturaleza humana hay cosas inscritas. Como que entre una amistad verdadera y una amistad cualquiera es mejor la verdadera. Que entre un amor verdadero o sus sucedáneos nos gusta más el verdadero, aunque es cierto que hay gente que se conforma o quiere el sucedáneo, porque compromete menos. O quien compra sexo por dinero. Pero la mayoría quiere sexo por amor. Hay gente que disfruta de besos apasionados, pero más falsos que Judas, y que les da igual. Pero, en fin, donde esté un beso apasionado por amor que se quiten los otros —por lo menos para nosotros—.

Pues con la masturbación sucede lo mismo. Se consigue un orgasmo, pero nada comparable con el que puedes conseguir con tu amante. Es verdad que hay personas a las que esto les vale. Pero no deja de ser un sucedáneo del orgasmo ideal.

Hablando con gente, nos dicen: «¿Y por qué no tener ambas cosas —sexo y masturbación—?». Solemos preguntar: «¿Tú quieres tener un amor verdadero y, por lo tanto, que te llene en todas tus facetas de la vida?». Si dicen "sí" les decimos: «Ya verás, no te hará falta masturbarte». Si nos dicen "no" ya estamos hablando de sucedáneos, y entonces todo puede valer.

Disfrazarse

Disfrazarse es una práctica que a unas personas les gusta y a otras no. Como hay personas que les gusta el carnaval y a otras no. Si el disfrazarse ayuda al encuentro y a que se lo pasen bien, pues bienvenido sea.

Cuando se trata de disfraces nos referimos a un amplio sentido de la palabra. No hace falta disfrazarse de "enfermera pícara" ni de "fontanero cachas". Pero si os gusta y lo queréis los dos, pues fantástico. Los disfraces pueden resultar divertidos y hacer que os olvidéis de los líos de la vida.

Al final la ropa interior bonita es un disfraz que lo que busca es llamar la atención y aumentar el deseo.

El único límite es que ese disfraz no humille al que se lo pone o degrade su dignidad como persona. No se puede obligar a nadie a vestirse como no quiere.

Sadomasoquismo

Es una práctica sexual que no es sana. Buscar dolor o humillación para la obtención de placer es nocivo, aunque estén de acuerdo los dos. Además, muchas veces se llega al maltrato. No pocas veces se han producido errores que han terminado en tragedia.

Resumiendo lo hablado: se puede decir que todo está permitido, siempre y cuando se respete la dignidad de las personas, no sea humillante para ninguno de los dos, busque la entrega total cuerpo, alma y corazón, conduzca a que haya penetración vaginal y esté abierto a un posible embarazo.

A veces nos preguntáis: «Cuando el varón ya ha eyaculado pero la mujer no ha llegado al orgasmo, ¿se puede acompañar a la mujer?». La respuesta es sí, incluso no sólo se puede, sino que se debe. Ya que, de lo contrario, ella se puede sentir "usada".

¿Cómo se hace? Lo hemos hablado en el apartado sobre el orgasmo. Se debe seguir estimulando hasta que ella también alcance el orgasmo. La naturaleza del hombre es la que es. Prefiere las cosas verdaderas a los sucedáneos. Otra cosa es que lo verdadero cuesta, y requiere salir de uno mismo. Y el sexo no es una excepción. Si quieres disfrutar del sexo total hay que hacerlo con un amor de verdad. Todo lo demás son imitaciones.

En nuestra opinión, hay que buscar lo verdadero en la amistad, el amor, el sexo, el compañerismo, la compresión, la justificación, la admiración, el cariño, el respeto, etc. Si nos conformamos con sucedáneos tenemos que ser serios y reconocerlo. Hay una cosa en la que nos jugamos mucho: si sustituimos el amor sucedáneo por el verdadero.

6. Los "métodos naturales"

Al tratar de estos métodos se dice que se puede tener otro tipo de demostraciones de cariño del uno al otro. Pero no se explica de qué tipo de demostraciones afectivas o sexuales se trata. En nuestra opinión: sexuales ninguna, y afectivas un poco limitadas.

Ya hemos explicado, en nuestro libro *Sexo para inconformistas*, que la sexualidad del varón y de la mujer poco tienen que ver. Eso no es opinión, es lo que hay. La complementariedad sexual es la parte más difícil que tiene un matrimonio, junto a la paternidad y maternidad.

Pongamos el caso de un matrimonio que está usando los "métodos naturales", como era el nuestro, con la conciencia de que hacían lo que tenían que hacer. Es un matrimonio que se desea y disfruta de sus relaciones sexuales, y llega el momento de irse a la cama y se tienen que poner cada uno en una esquina cuando lo que desean es abrazarse. ¿Puede ser que exageremos? Os contamos la experiencia nuestra y de otros muchos.

Cada día nos encontramos más parejas de novios que el día de su boda coincide con la ovulación de ella, y como han decidido libremente y en conciencia seguir los "métodos naturales", la noche de bodas no tienen relaciones o se masturban el uno al otro por no poder tener relaciones sexuales completas. Esto pasa cada día más. Unos te lo cuentan, y tiene mucho mérito sincerarse así en algo tan íntimo y delicado, y te dicen que ha sido lo más duro de su vida: estar guardándose durante el noviazgo y cuando llega el momento de dejarse llevar por el amor y el deseo, tienen que aguantarse una vez más. Es muy duro.

Sigamos con ese matrimonio del que hablábamos antes. Estaban en la cama. Ella está ovulando y él no se acerca porque se conoce y sabe que se excita muy rápido, como cualquier varón, y va a tener que parar. Y eso le va a costar más que si no se acerca. Lo sabe muy bien por la sencilla razón de que así lo ha vivido en su noviazgo y está entrenado. A él, durante el noviazgo, por cuidar la espera, le aconsejaron —y le vino bien—, que si no quería complicarse, que fuera valiente y "huyera". Así que se lo aplicó. Pero ella está ovulando y necesita sentirse deseada y amada por su marido. Y no recibe nada más que una explicación de que su marido la ama tanto que si se acerca le va a ser complicado parar. La pareja, como así lo ha decidido libremente en conciencia, se van cada uno para su lado de la cama. O tienen unas demostraciones de cariño en las que inevitablemente él se va a excitar y tendrá que parar. Él se sentirá mal porque su cuerpo está preparado para seguir, pero "no se puede".

Pongamos el caso de que "se pueda", porque está en un periodo infértil. Entonces ella no presenta su mejor momento y lo último que le apetece es tener relaciones. Está de bajón, no se siente guapa, ni se ve en su mejor versión, y su vagina no está preparada —está muy seca—. Y se van a la cama y han quedado en tener relaciones. El varón tiene las hormonas igual que en la otra ocasión, y con las mismas ganas o más por la espera. Se acercan y se besan. A ella no le apetece, pero quiere tenerlas por amor a su marido y finge que disfruta. Y ya que con la espera él se excita rapidísimo, es inevitable que ella se sienta un poco o un mucho utilizada para el placer de él.

En todo lo que estamos describiendo hay mucho de olvido de uno mismo, y de demostración de amor. Pero hay poco de natural. Lo natural sería que cuando ella está preparada para tener sexo, se tenga; y cuando ella no esté preparada, ni biológica ni psicológicamente, no se tenga relación. No nos engañemos, esto es lo natural. Así estamos hechos. Otro modo es alterar lo que es natural.

Por eso tiene que haber razones muy de conciencia para ejercer la continencia periódica. Sabemos que escribir esto va en contra de lo políticamente correcto, y que callarnos sería lo más conveniente para la venta de este libro. Pero nosotros advertimos sufrimiento en muchos matrimonios jóvenes por este tema, y queremos ser leales.

Los "métodos naturales" son un gran avance para el conocimiento de los ritmos de la mujer. Que deben conocer tanto la mujer como el varón para la complementación sexual y matrimonial en general. Y no tanto para evitar embarazos.

Nosotros opinamos que, en el fondo, se intenta competir con los anticonceptivos físicos o químicos en su propio campo, que es la no concepción, y eso está llamado al fracaso. Se habla de porcentaje de éxito frente a los anticonceptivos. ¡¿Quién no ha dicho, en un momento de esos en los que los dos están ardiendo de ganas de tener relaciones: "odio esos métodos naturales"?! Y es que se juega en el campo de la no concepción, y ese campo es muy resbaladizo.

7. ¿Cómo hablar de sexo con los hijos?

Siempre se dice, porque es verdad, que la educación de los hijos depende de los padres. ¡Pues cuánto más la educación sexual!

Hablar de sexo con los hijos es fácil, pero hay que proponérselo. De hecho, el mayor tiempo que hemos pasado desnudos delante de alguien suele ser delante de nuestra madre o nuestro padre. Pues aprovechando una de esas ocasiones, cuando el niño ya diferencia la mano derecha de la izquierda, podemos empezar a hablarle del sexo.

Al niño: «Qué bien que hayas dejado de hacerte pis en la cama por las noches, así gastamos menos en lavadora y tú aprendes a manejarte. Además, te preparas para otra cosa que se hace con el pene dentro de unos años que es ser papá». Ya hemos abierto el melón.

A la niña: «¿Te has fijado en esto? Se llama vagina y es muy importante, el día de mañana te servirá para ser mamá». Ya hemos abierto el melón.

Cuanto antes tengáis la primera conversación, mejor. La segunda, la tercera y las siguientes estarán llenas de naturalidad. Iremos completando la información y transmitiendo una visión amable del ser humano sin estridencias.

Venimos de una sociedad en la que el sexo siempre está relacionado con el morbo o el pecado. Y morbo viene de enfermedad, de algo malo, enfermo. Muchos programas de televisión y películas y libros relativizan el sexo. Hay educadores sexuales que van por los colegios o institutos animando a que nuestros hijos e hijas se masturben y tengan relaciones con sus compañeras o compañeros del mismo sexo. Y lo presentan como un juego que es divertido y «os permite conoceros», les dicen. Si hemos hablado a nuestros hijos con propiedad del sexo ellos verán toda esa movida con superioridad, saldrán con vida del aprieto y nos lo comentarán con confianza.

Por otro lado, tenemos a los pusilánimes que se escandalizan por todo. A una amiga nuestra, una vez, en un colegio la llamaron para dar una clase sobre sexualidad. Ella lo explicó claro y de forma limpia. Después de dar la clase, los niños y niñas contaron en sus casas lo que les habían explicado. No tardaron algunos padres en protestar por las cosas que contaban sus hijas e hijos. Eso pasa a menudo. Todavía hay padres que piensan que la mejor educación sexual es la que oculta la realidad de la belleza del sexo, «no vaya a ser que les guste». En ciertos ambientes siguen educando en la prohibición. Invitan a conferenciantes a que expliquen cómo alejar a sus hijos de los peligros de esta sociedad hipersexualizada; no está mal, pero en los tiempos que corren hay que dar algo más. En vez de machacar con lo que va mal hay que pensar cómo educar para que vaya bien. Hay que prepararlos, con formación, para que vuelen libres y solos. Para que tengan sueños altos y bellos.

En la encuesta de Instagram a la que hemos aludido antes también preguntábamos: «¿*Veis el sexo, en el matrimonio, como una necesidad?*». De los 1000 seguidores que respondieron —una barbaridad para este tipo de preguntas—, un 80 %, que es muchísimo, dijo: «Sí. El amor pide ese encuentro». Un 15 %: «Es importante, pero no una necesidad». Un 3 %: «Es algo sin más ni más». Un 1 %: «No en absoluto. Solo sirve para tener hijos». Nosotros habríamos votado con el 80 % y nos dio mucha alegría que saliera ese porcentaje.

¿Cuándo?

¿Cuándo hay que empezar a explicar este tema? ¿De qué modo o con qué palabras? Ya lo hemos dicho: cuanto antes y con sencillez. La realidad es que desde que nacemos empezamos a formarnos de forma directa o indirecta.

1. Desde pequeños tenemos que enseñarles a guardar su intimidad, respetar su espacio, etc. Para eso los padres debemos ser un ejemplo. En nuestra opinión, no se puede ir de cualquier manera por la casa. Cuidar nuestra intimidad y, por ejemplo, evitar ir desnudos por casa.

2. Cuidado con los chistes o referencias en que se ironiza sobre el sexo o la relación varón-mujer. Los hijos son esponjas y nosotros somos su referencia en este y en tantos otros temas. Cuando se juntan los varones y hablan con soltura sobre los "atributos de ciertas mujeres", los hijos, pueden asumir que esa es la relación varón-mujer. Lo mismo cuando se juntan las mujeres y hacen ese tipo de comentarios sobre los hombres.

3. ¿Nuestro concepto del sexo es limpio, algo morboso o… directamente sucio? No nos daría vergüenza explicar las relaciones sexuales matrimoniales si las supusiéramos verdaderamente limpias. Nos cuesta, es lo habitual, pero no debería serlo. Si en nuestro matrimonio hablamos con normalidad y claridad de sexo lo haremos con normalidad y claridad con nuestros hijos.

4. Conviene llamar a cada parte de los órganos sexuales por su nombre. Por ejemplo, no llamemos "colita" o "cosita" al pene. Al brazo se le llama brazo y a la pierna se le llama pierna. Parece que llamarle pene es de mala educación. En este tema hay mucho que hacer. En cierto modo viene de culturas con poca formación que desconocían sus nombres y le daban otro. Hoy tenemos suficiente educación y conocemos sus nombres: pene, vagina, testículos, clítoris, vulva, etc. A la hora de explicarse, es

muy importante que sepan hablar con propiedad. Ellos solos sabrán hacerlo sin necesitar la ayuda de la madre o del padre.

5. Hay que meter en sus cabezas grandes sueños y no caer en simplificaciones que no consiguen colmar sus preguntas. Cuidado con emplear metáforas a la hora de explicar cómo vienen los niños al mundo. Si le explicamos no sé qué de una abejita y unas flores, la famosa cigüeña, etc., ellos, en su inocencia, se lo creen. Y pasar «de la abejita» a la realidad es muy complicado. No digamos si se enteran fuera de casa y se dan cuenta de que no se les ha considerado capaces de entenderlo. De esa forma un acto de amor maravilloso se convierte en algo oscuro, ya que «mis padres me lo ocultaron». Se dificulta hablar con claridad de estos temas y no nos volverán a preguntar, porque piensan que no sabremos contestarles, o que directamente les vamos a mentir. Estamos alimentando una adolescencia difícil.

Los niños no suelen liarse con los sexos, ellos los dividen en mamás y papás. Poco a poco empiezan a tener curiosidad por el otro sexo.

Posibles preguntas

Pueden preguntar sobre:

    —el pene,
    —las mamas,
    —la menstruación,
    —los embarazos,
    —cosas que les cuentan en el colegio.

Luego empieza la identificación con un sexo. Y después las preguntas de la adolescencia.

En la adolescencia se producen cambios muy importantes en sus cuerpos y tienen que estar avisados. Experimentan sensaciones nuevas y sentimientos que antes no tenían:

—sexualidad e imagen corporal perfectas,
—sexualidad y poder,
—sexualidad y consumo de sustancias,
—sexualidad y sexo.

Preguntas típicas son:

—¿por qué duelen los ovarios?,
—¿qué es esto? Y viene con una compresa de su hermana mayor que la ha dejado tirada en el suelo del cuarto de baño,
—¿tampones, compresas o copa?,
—¿cómo puede perder la virginidad?,
—¿qué es masturbarse? ¿Es bueno?,
—¿me puedo quedar ciego si me masturbo?,
—¿me crece más el pene si me masturbo?,
—¿me quedo tonto si lo hago?,
—¿es malo sentirse mirada y que me guste?,
—¿es malo pensar en chicas?

En este libro no vamos a detenernos en explicar cada una de las contestaciones. Os remitimos al libro *Hablemos de sexo con nuestros hijos,* de nuestra amiga Nieves González Rico. Un gran libro para prepararse y encontrar respuestas a muchas preguntas de ese tipo.

Lo que siempre hay que hacer es agradecer la pregunta y que vean que nos alegramos de que nos pregunten. Esto es importantísimo.

¿Dormir fuera de casa?

Otros temas: ¿Van a dormir vuestros hijos con mucha frecuencia a casa de amigos? ¿Conocéis bien el ambiente de esa casa? ¿Qué ven en la televisión, cómo se duchan, cómo duermen, todos en camas individuales o juntos? Es una pelea y algunas veces hay que quedar mal. Os podemos contar una anécdota de nuestra familia. Una vez íbamos a casa de unos conocidos y ya sabíamos que les iban a proponer que se quedaran a dormir. También nos constaba que los hijos de esa familia salían por la noche y volvían muy tarde. En el coche les avisamos: «No nos preguntéis delante de todos si os podéis quedar porque no queremos que os quedéis. Decid vosotros que no».

Pues como podéis suponer vinieron a preguntar y por supuesto con la madre de la otra familia sonriendo. Todavía se deben acordar nuestros hijos de la mirada que les echamos. Si estamos seguros de que no va con nuestra forma de vivir, hay que ser firmes. Nuestros hijos van a evaluarnos según cómo nos comportemos ante la presión de los demás. Con una gran sonrisa también, les dijimos que muchas gracias pero que no se quedaban. Y cambiamos de tema rápidamente para no seguir la conversación y no dar lugar a contrarréplicas. Luego en el coche les hicimos ver que estábamos enfadados. Dijeron que fue la madre quien se empeñó en preguntar cuando ellos dijeron inicialmente que no. La verdad es que podía ser cierto. Lo dimos por bueno y les advertimos de que en otra ocasión fueran ellos los que dieran la cara. Hay que explicarles lo importante que es no ponerse en riesgo y ser firmes en las convicciones de cada uno.

Sexualidad y afectividad

Hay muchísimas cosas que tratar en este campo. Estas son solo unas pequeñas notas. No se suele hablar con claridad y no se diferencia entre afectividad, sexualidad y práctica del sexo. Están relacionadas, pero en nuestra opinión, una buena educación sexual es aquella que consigue que los niños las diferencien perfectamente.

Nos encontramos con jóvenes que sitúan las muestras de afectividad en el ámbito del sexo y se equivocan con su orientación sexual. Creen que ciertos sentimientos que están en el ámbito de la afectividad entre los varones o entre las mujeres son deseos sexuales, cuando no lo son normalmente. Por eso hay que hablar por separado de la afectividad y del sexo, y así los jóvenes ven con más claridad la diferencia. Dos chicos pueden ser grandes amigos y sentirse muy unidos, pero eso no es deseo sexual; sólo se trata, y no es poco, de amor de amistad. Lo mismo pasa con las chicas. En ellas todavía más, por la sencilla razón de que hay más contacto físico —así es la relación entre las chicas— y además se pueden sentir comprendidas, entendidas, etc., por su amiga, y no por los chicos de su edad. Es un tema del que hay que hablar con ellas con claridad. Hay mucho respeto a tratar del sexo con pasión por miedo a que se revolucionen. La realidad es que, mientras tanto, otros les hablan descarnadamente y con falsedades que les pueden parecer atrayentes en su ingenuidad, y les hacen daño.

Observamos con alegría ciertos intentos de cambiar todo esto. Pero todavía hay demasiada autocensura para no molestar, o surgen limitaciones de los "sensatos". Nuestro libro *Sexo para inconformistas* busca facilitar hablar de sexo sin complejos. Vuestros comentarios privados dándonos las gracias nos animan a seguir por el mismo camino.

Naturalidad

No nos deben ver "cortados" por estos temas. Tenemos que ir por delante y llenarles de grandes sueños, y que sepan guardarse para cuando se casen y se entreguen sin miedos y con gran pasión.

Antes de que notemos la madurez sexual en nuestros hijos, antes de que empiece la adolescencia, ya tenemos que ir interviniendo. Buscar pareja es una aventura, y es deseable participar en ese empeño con nuestros hijos, como hemos participado en otros muchos. Aunque en este caso con una divertida delicadeza, algo alejados y dejando ordinariamente completa libertad. Pero deben oírse consejos que nuestros abuelos usaban con nuestros padres: «Fulanito, cuando busques: ni guapa que encante, ni fea que espante»; «Fulanita, eres la dueña de la escena, por eso no hace falta que vayas así, que en vez de pescar novio, pescarás catarro»; y a los dos: «Eres muy bueno/a y tu pareja también pero ten preparada una salida honrosa para poner pies en polvorosa», etc. Eran recomendaciones que protegían la dignidad como personas y evitaban un comportamiento de usar y tirar. La ubicación de los actos sexuales en su entorno adecuado da paz y dominio de la situación. Se pueden cometer errores, pero ellos deben saber que pueden contar con nosotros. Y nosotros debemos recordar que casi siempre se cumple «primer amor: primer dolor». Y los dolores acaban pasando, y se puede encontrar un buen amor. Si no es a la primera, será a la segunda o más adelante.

Deben ver el sexo como algo limpio y desmarcarse de los que lo ven como algo sucio o como algo para conseguir solamente placer.

Para eso, cuando nos pregunten, tenemos que contestar respuestas concretas y claras que solucionen todas sus dudas. Nunca hay que escandalizarse ni poner caras raras, aunque por dentro estemos asombrados de lo que preguntan o cuentan qué han visto o que han hecho, y vengan con dudas por lo que han sentido.

Nuestros hijos nos evalúan en este tema y si la contestación queda muy por debajo de sus expectativas puede que piensen que estamos "a por uvas".

Identidad

Igual que se enseña a ser generosos y a no mentir, hay que enseñarles comportamientos que les hagan saber lo que está bien y lo que está mal respecto a su intimidad.

El apoyo de los educadores y de los profesores es muy importante para ayudarles a descubrir su rol sexual. Por eso hay que elegir muy bien dónde se educan. Hablar con sus tutores no tanto de las notas como de su crecimiento personal. Es muy difícil ser tutor. Nosotros hemos tenido de todo. Cuando hablábamos de nuestros hijos y no se referían a las notas sino a su relación con el resto de la clase nos daba mucha alegría.

Si a esas edades no explicamos de forma adecuada qué es enamorarse, ellos se fiarán de lo que ven en internet, o en la televisión, o en libros, series o películas. Pueden pensar que enamorarse es hacer el amor, y que si les gusta un chico o una chica deben acostarse. Hay que explicar el porqué de la espera hasta una edad y de lo que es un compromiso de por vida.

Es importante que nuestros hijos se encuentren a gusto con su cuerpo. Explicarles la maravilla de ser varón o mujer. Que esas peleas entre sexos son aberrantes y desfasadas. Hay que disfrutar de las diferencias. Hay cosas que los varones no podrán hacer ni sentir nunca como las mujeres. Lo mismo las mujeres: por mucho que quieran, jamás podrán sentir y hacer como un varón. Proponer lo contrario es, en nuestra opinión, un error muy grave, y lleva en muchos casos a la frustración. Nuestro cerebro y nuestro cuerpo en general están preparados para ciertas cosas y no para otras. Intentar jugar a la igualdad por la igualdad, por el enfrentamiento más o menos oculto, nos está llevando a que cada sexo se parapete y se defienda del otro. Esto es veneno para el matrimonio y tenemos casos de fracaso de la vida matrimonial por esa sobrevaloración de la feminidad o de la masculinidad. No juguéis con vuestro amor.

Tenemos la misma dignidad y deseo de ser felices. Hemos de ver al otro como alguien que nos ayuda a ser mejores y más felices, dejando que cada uno sea varón y mujer sin complejos. Así nos preparamos para la adolescencia y la juventud de nuestros hijos.

8. Vidas ejemplares

Son aquellas que se propone a los adolescentes como referente para su comportamiento.

Hace ya décadas se les proponía a los jóvenes leer vidas de santos, héroes, inventores y cuentos con moraleja. Esto sigue siendo bueno, pero a veces esos relatos están muy alejados de la realidad actual.

¿Quiénes son hoy sus modelos ejemplares? En la infancia desde luego los padres. Ellos ven lo que hacemos y cómo nos comportamos en este ámbito: a quién seguimos en nuestras redes sociales. Qué modelo de vida proyecta nuestro comportamiento. ¿Somos coherentes?

Los famosos han invadido nuestros hogares. A veces elogiamos a personas por sus logros políticos, artísticos, deportivos, etc., pero cuya vida sexual y matrimonial deja mucho que desear. Hay que aclarar la pena que nos da que con esas cualidades descuiden algo tan importante en su vida personal.

Sería muy bueno ver con los hijos sus redes sociales, saber a quiénes siguen. Cómo se presentan esos *influencers*. Cómo consiguen sus seguidores: por sus habilidades en cualquier aspecto, por vender su imagen o por vender sus vidas y sus miserias.

Antes de la adolescencia deberían tener ejemplos de adultos que les enganchen y les sirvan de ejemplo. Y si son sus padres ¡qué logro!

Es bueno saber:

—cuál es su grupo musical favorito,
—qué programa o serie es su preferida,
—qué deportista, artista, cantante, es su favorito.

Y luego hablar sobre ellos y hacerles ver si lo que transmiten sus preferidos en el tema sexual es adecuado o no.

En nuestra opinión, es muy importante que acepten que una persona, por muy buena que sea en un determinado campo, si no se respeta a sí misma ni a los demás, se merece respeto, como cualquiera, pero no nuestra admiración.

A veces somos muy fans de un futbolista por sus cualidades y su proyección. Otras será una mujer guapa y con estilo a la que todos los hombres siguen como corderillos. Hay que tener cuidado en dejar claro lo que se pierden por no llevar una vida acorde con su dignidad y la de los demás.

La adolescencia será más suave, habrá más confianza entre hijos y padres. Es apasionante esta etapa en la educación. Ellos, luego, harán lo que quieran. ¡Son libres! Pero esa formación y el ejemplo de sus padres tarde o temprano saldrá a relucir. No lo dudéis.

III.
EL MATRIMONIO: UN PARQUE DE ATRACCIONES

Titulamos de esta manera porque en un parque de atracciones se disfruta, se ríe, se pasa bien, pero... cuesta dinero, hay que hacer colas, quizá nos morimos de calor o de frío, nos cansamos, y... nos podemos divertir mucho ese día.

En el matrimonio pasa algo así, pero dura toda la vida.

Igual que la vida biológica de cualquier ser humano pasa por etapas de maduración desde el momento de la fusión de los dos gametos hasta el final, así el amor en el matrimonio pasa también por etapas, siempre que se trate de un amor verdadero.

Siguiendo con el ejemplo, vamos a hablar de las fases del amor en el matrimonio:

—infancia del amor,
—adolescencia del amor,
—madurez del amor.

1. La infancia del amor

Para casarse hay que ir un poco "dopado". Es verdad que hay que ser consciente de con quién se casa uno, pero hay que llegar con esa ilusión de hacer algo grande entre los dos. Todos nos conocemos y sabemos de nuestras limitaciones, y si encima empezamos a ser conscientes de las limitaciones del otro, ¿quién es el valiente que se casa? Por esa razón hay que ir un poco "dopado" por el amor.

Va quedando claro que el corazón juega un papel muy importante en el amor, pero también la cabeza. En esta fase interviene más el corazón al principio, pero enseguida debe entrar la cabeza. Veamos la fase de la infancia en el amor.

Para casarse hay que doparse

Como decimos en la primera parte al hablar de la convivencia, la pareja está "dopada" por un montón de emociones. Tanto es así que nuestros sentidos cambian: tocamos, gustamos, vemos y oímos diferente. Somos un cúmulo novedoso de sensaciones.

Al principio todo nos parece bien, es muy fácil vivir con nosotros, estamos "dopados" por nuestras hormonas y el mundo nos parece un lugar maravilloso. Nuestro centro más íntimo se desplaza hacia fuera y estamos focalizados en la persona amada. Nuestros sentidos nos engañan y no vemos defectos en el otro o no les damos mucha importancia. Estamos con la persona más maravillosa, generosa, guapa, desprendida, etc., que conocemos. Intentamos sacar la mejor versión de nosotros para hacerle la vida más fácil y que se enamore más de mí. Queremos decirle: «Quiero ser tu otro yo».

Se busca la intimidad como una necesidad. Y la verdad es que lo es, pero también debería ser en las otras fases del amor. Parece que el mundo se reduce a "lo nuestro" y que el mundo gira alrededor de nosotros dos.

Como hemos experimentado en el noviazgo, su mirada, su olor, su tacto, su voz, su sabor, nos excita. *Ya sabemos por estas sensaciones que somos sexualmente compatibles.* Por eso no hace falta tener relaciones sexuales antes del matrimonio.

No son utilizados los «dolores de cabeza», «el estoy cansada/o», «he tenido un día horrible», como excusa, porque se desea estar juntos. Cada uno quiere ser el íntimo del otro.

Exclusividad

En estas fases iniciales del amor se va pasando de "estar con" a "estar sólo con" y por último a "estar siempre con". Este proceso es inevitable en el amor, si no, no se está enamorado: simplemente "se gustan". El amor es exclusivo, en el sentido de no necesitar a otras personas en el ámbito de la relación de pareja. Ella o él llenan por completo ese espacio.

Viktor Frankl[1] dice: «El amor es la única vía para llegar a lo más profundo de la personalidad de un hombre. Nadie conoce la esencia de otro ser humano si no lo ama. Por el acto espiritual del amor se contemplan los rasgos

---

[1] FRANKL, Viktor, *El hombre en busca del sentido*, Barcelona, Herder, 2015, p. 94.

esenciales de la persona amada; incluso su potencialidad, lo que aún no ha sido revelado. Aún más: mediante el amor, la persona que ama capacita al amado a actualizar sus posibilidades ocultas. El amor consigue que el otro realice su potencialidad personal».

Cuando una persona te llena, no puede haber sitio para otro "amante". El amor sacia y, por lo tanto, bloquea el deseo de búsqueda. Esas personas casadas que tontean y dan confianzas inapropiadas o critican a su cónyuge, están demostrando falta de fidelidad. La fidelidad y la exclusividad son inseparables.

La exclusividad —no tóxica, ni tiránica por una de las partes— no quita la libertad; libremente se desea esa situación. Cuando hay amor no cuesta vivirla. El amante vive por su amor y no busca compensaciones en otra parte.

Se precisa tener la capacidad de amar y de dejarse amar. La exclusividad es imprescindible en el amor de pareja. La exclusividad no consiste en estar pegados como una lapa el uno al otro, sino en saberse parte del otro. El "mi" se convierte en "nosotros".

Fecundidad

El amor hace de las cosas normales "cosas únicas y propias de los enamorados". Tienen "su canción", aunque la canten millones de personas; ese árbol del parque se convierte en "nuestro árbol".

Son como unos superhéroes que todo lo renuevan, le dan una vida nueva. Por eso se dice que la infancia del amor es fecunda.

En definitiva, esta etapa del amor suele ser una etapa tranquila. La convivencia es muy fácil, las relaciones sexuales no suelen ser un problema más allá de las diferencias en las necesidades sexuales que cada uno tenga. Una consecuencia de las relaciones sexuales puede ser la llegada de los hijos.

No tengáis miedo a tener hijos, son los mejores juguetes para sus hermanos, y para vosotros empieza una de las razones de vuestra vida, aunque no la más importante.

2. ADOLESCENCIA DEL AMOR

Tarde o temprano, como en la adolescencia biológica, se deja esa infancia feliz, y empieza a no ser tan fácil disculpar la realidad de cada uno. Inauguramos el proceso de maduración de ese amor.

Comienzan los primeros desencuentros importantes, los silencios, las cuentas pendientes. Y si a esa pareja no se le avisa, pueden pensar que todo ha sido una comedia y que han sido engañados.

Ahora ya no les erotizan los roces y las miradas, los besos son menos apasionados, etc. En ese momento, si se quiere que madure el amor, hace falta hablar. Pero hablar..., ¿de qué? De todo. Volver a preguntar sobre gustos, sobre sueños, sobre deseos, sobre los hijos que son tan distintos entre sí, sobre lo que nos pone de los nervios, lo que nos agrada en las relaciones sexuales, lo que detestamos, cómo queremos ser amados, etc. Cada uno tiene el derecho de que se le ame como quiere ser amado, no como se supone que tiene que querer ser amado. Hay que preguntar. Muchas veces pasa que uno de los amantes se empeña en dar lo que el otro no reclama, y no da lo que en realidad necesita. Por eso es tan importante volver a hablar de todo eso.

Probablemente hay que hablar de varios temas, como los siguientes:

Los dineros

¿Cómo hacer la gestión económica de vuestra relación, de vuestro de matrimonio?

Ingresos. ¿Cuánto dinero entra en casa? ¿Estamos de acuerdo en el esfuerzo de cada uno en este tema? El dinero es un tema muy importante. Hay que hablarlo en la intimidad con claridad y sin intromisiones exteriores.

Gastos. La hipoteca, los gastos corrientes de la casa, regalos, coche, ropa, vacaciones, etc. Cómo invertimos el dinero que tenemos en esos gastos. Qué nos podemos permitir y qué no. El dinero tiene un tope de gasto, y si no estamos de acuerdo habrá problemas.

En muchas ocasiones lo que nos venden los medios de comunicación y las RRSS es: ¡el dinero da la felicidad! Todos decimos: «No, hombre, el dinero no da la felicidad». Pero puede ser que nuestra forma de actuar no esté de acuerdo con esa afirmación y busquemos otras compensaciones.

La mayoría dice que le gustaría encontrar a alguien con quien compartir la vida, pero a veces se supedita a obtener logros materiales. El mensaje que se manda hoy es: «Vive intensamente, nadie te quiere como tú mismo/a».

Veamos algunas ideas generales que puedan servir de orientación. En primer lugar, hay que conocer cómo piensa mi pareja: si es ahorrador o derrochador, si compra sin pensar mucho o le da mil vueltas a cada gasto.

Una vez que esto lo tenéis claro y, sobre todo, habéis aceptado la forma que tiene el otro de gastar los euros, hay que llegar a acuerdos. Porque lo más probable es que cada uno piense de manera diferente.

Durante el noviazgo es bueno, como siempre recomendamos, hablarlo sin miedo. Ver si le gusta salir a cenar o de copas todos los fines de semana, o, por el contrario, es de los que se conforma con peli y pizza en casa de sus padres. Si le gusta el cine, o el teatro, y acude a cada estreno, o espera a que salga gratis en la tele.

Hay que saber si le gusta "ir de compras" por internet, o por las tiendas físicas…, da igual que sea ropa, accesorios, regalos para los amigos, todo tipo de complementos para el ordenador, videojuegos. Resumiendo: conocer cómo le gusta gastar y si a ti te parece bien, o tú eres de otra manera.

Una vez casados, aparecen otro tipo de gastos, como son la adquisición o alquiler de la casa, la compra de comida, la decoración. Y con el tiempo…, los gastos de los niños; si chica que ayude en casa o guardería; el colegio, las vacaciones, la compra de ropa…

Hay que aprender a hacer un presupuesto para la familia. Ya hemos dicho: ingresos y gastos. ¡¡¡Hay que meterlo todo, hasta lo que se vende por Wallapop!!!

De esta manera sabremos si con lo que ganamos podemos cubrir todas las necesidades y podemos ahorrar, o hay que ajustarse el cinturón y controlar el gasto.

Esto no pretende ser una clase de economía doméstica, pero la experiencia dice que este es un tema que puede hacer mucho daño en una relación, sobre todo porque agobia cuando falta el dinero.

Pero ¡ojo!, que no nos pasemos de "agobiados". Y si en algún momento hay que hacer un gasto extra se hace, que ya lo recortaremos de otras cosas. Y no nos referimos al lugar común de las mujeres y sus caprichos, porque hay muchos varones que son "caprichosos", y que tendrán que ceder si llega el caso.

Hay dos gastos que merecen la pena, en nuestra opinión:

El primero es el destinado al cuidado del propio matrimonio. No hablamos sólo de cenas o escapadas románticas, sino de tiempo para poder estar a solas; de tiempo para poder seguir conociéndose y hablar de sí mismos, sin nada que les interrumpa, esto no cuesta dinero... Y hay que sacar este tiempo, o pedir ayuda a la familia, a los amigos... Pero tenerlo en la cabeza es prioritario.

El segundo es el que destinamos a la educación de nuestros hijos. Hay que decidir a qué colegio van a ir, y una vez decidido, pensar que ese dinero es una inversión a largo plazo. Inversión en buena educación, en buenos amigos, en un ambiente que es el que buscamos para que se desarrollen como a nosotros nos gusta. Y hay que conseguir esos medios con el sacrificio que haga falta: ganando y ahorrando.

Y por último añadiría que hay que aprender a vivir el momento presente, a disfrutar de lo que tenemos entre manos en este día y a esta hora, y ser felices con eso.

Familia extensa y amistades

Puede ser un tema complicado. Hay que marcar límites claros si es necesario. ¿Cómo distribuimos nuestro tiempo libre con cada familia? No podemos caer en la tentación de hacer peligrar nuestro matrimonio y nuestros hijos por estar con los suegros, cuñados, padres, hermanos, etc., para contentar a todos. El amor tiene un orden y no debemos descuidarlo.

Salidas. Con este término nos referimos al tiempo que dedicamos a estar con los amigos de cada uno por separado, o a las aficiones, o al deporte etc. Hay que ir compaginándolo con las responsabilidades familiares que se van adquiriendo.

Siempre es bueno tener amigos que compartan nuestras preocupaciones y anhelos en la vida. Hay que buscar otros matrimonios que estén en nuestra misma línea.

También conviene descubrir si algunas amistades de uno o de los dos no son compatibles con nuestro proyecto de vida.

La vida se complica al casarse. Y no se puede vivir como si se fuera soltero/a. Hay amistades a las que antes les podíamos dedicar un tiempo que ahora no tenemos, y eso hay que asumirlo. Hay que ser más selectivo en las amistades, ya que, si no, descuidaremos a nuestra mujer o marido, que es lo más importante, y después a nuestros hijos. Ojito con ser demasiado sociable y amigo de todos y no serlo de los de nuestra casa.

Creencias

Si tenemos creencias religiosas hay que estar de acuerdo en cómo practicamos esas creencias y en cómo educamos a nuestros hijos. Si hay diferencias en este tema hay que hablarlo antes de casarse. Si las diferencias se producen una vez casado, porque uno pierde la fe o se vuelve más fervoroso…, hay que llegar a acuerdos y buscar la solución mejor para el matrimonio, que será la mejor para la familia entera. Es un tema muy delicado. Lo ordinario, cuando uno de los dos tiene una conversión, es que no "obligue" al otro a que le siga en ese camino, aunque sí debe informarle. Hay que ser muy respetuoso y respetar la libertad del otro.

Esto cuesta mucho, pero si no se hace, la relación se verá afectada. Lo mismo, si uno pierde la fe, no puede reírse de las creencias del otro: debe ser respetuoso con las creencias de su mujer o marido. Es un tema para otro libro. Hay mucho sufrimiento en esas situaciones si no se tienen ideas claras o se recibe un buen consejo.

Hacemos mención, por experiencia, de que cuando se posee un proyecto de vida cristiana, que respeta la idiosincrasia individual, la vida en común está impregnada de paz y de alegría y se convierte, aunque no nos demos cuenta, en un polo de atracción y de ejemplo para otras muchas familias.

La fidelidad

La fidelidad es una necesidad en el amor, como otras muchas cosas en la percepción actual del matrimonio. Se ha ido reduciendo al máximo y se ha quedado con lo básico y más visible: la fidelidad sexual.

La infidelidad sexual sucede cuando nos entregamos a otra persona que no es nuestra mujer o nuestro marido. Pueden ser besos, caricias, tocamientos o sexo más íntimo.

Se llega por ir cediendo a nuestro deseo y olvidarnos de los compromisos que tenemos en nuestro matrimonio. Es bastante grave y requiere una reparación. No siempre es una buena idea decirle al otro que has sido infiel. Hay que valorarlo y decidir, lo desarrollamos más adelante en el apartado de "sinceridad". A veces sincerarse no es un acto de humildad, ya que uno simplemente puede buscar descargar su conciencia y esperar el perdón de la otra parte. Así, algunas veces, sin comerlo ni beberlo, el que no ha sido infiel se encuentra con un "marrón" que no había buscado. Ni se lo imaginaba. Puede pasar que el infiel lo diga y se quede tan tranquilo, y actúe luego como si nada hubiera pasado. La infidelidad sexual afecta a todo el ser de la persona. Se ha pasado por encima de muchas barreras que debían cuidarse. Esto se vive generalmente de forma distinta en el varón y la mujer, por su propia forma de vivir el sexo. Pero hay más formas de infidelidad.

Infidelidad del "café". Es una forma más sutil. Se suele dar entre compañeros de trabajo, con padres del colegio de los niños, amigos del gimnasio, etc. Se queda con una persona del otro sexo y se empieza a contar intimidades que no tiene derecho a saber. Dejamos abierto el corazón a esa persona y poco a poco se va intimando. Puede pasar que esa relación acabe en infidelidad sexual, o no. Esta infidelidad es más propia de las mujeres, como la sexual es más de varones. Es verdad que para los dos casos hace falta el otro sexo, pero cada uno puede tener unas características diferentes. En el caso de la mujer, el sentirse deseada, escuchada, comprendida, disculpada, etc.; en el varón, sentirse valorado y admirado. Él generalmente quiere llegar a la cama y ella desea sentirse especial. Por eso, se oye a menudo la frase: «Los hombres siempre quieren lo mismo»; decir eso es no entender cómo vive y siente cada uno el sexo. A ellas no les hace falta el sexo para sentirse "diferentes". En cambio, el hombre no entiende que, si están en ese ambiente de intimidad de contarse cosas, ella no desee acostarse con él. Por eso, muchas veces, si no llega a la infidelidad sexual el varón acabará por dejar esa relación. Por el contrario, la mujer puede seguir adelante con esa infidelidad de "café". E incluso tener varios varones en esa rueda según sus gustos. Es una infidelidad sutil porque no hacen exteriormente nada malo. Sólo toman café o té o infusión. Ni siquiera nada de alcohol, es a la luz del día, sin esconderse. Simplemente hablan, pero sus corazones están siendo entregados a quien no se debe. En este caso pasa lo mismo que en el anterior: ¿se cuenta o no se cuenta al otro lo que ha sucedido, cuando uno está arrepentido? La contestación es la misma. Depende.

Infidelidad de la lengua. Esta infidelidad generalmente se produce verbalmente con conocidos del mismo sexo. Allí se van contando interioridades de cada matrimonio y se pone verde al cónyuge. En una espiral de risas y "bromas" se alcanza un estado de excitación muy agradable. Pero una vez pasado el subidón, sobre todo la primera vez, sobreviene un hundimiento y uno se pregunta y se lamenta: «¿Por qué dije lo que dije?». Incluso puede pasar que no sea totalmente cierto lo que contó.

El problema de esta infidelidad es cómo recupera la fama tu mujer o tu marido, ya que se contaron cosas, verdaderas o falsas, que perjudican la imagen del otro. Los que estaban en la reunión lo pueden ir contando por todas partes añadiendo quién lo dijo.

La crítica se sabe dónde se hace, pero no hasta dónde puede llegar. ¿Quién puede detener el eco de una crítica que hemos hecho de nuestro marido o de nuestra mujer? La crítica siempre es injusta, ya que es imposible explicar todas las motivaciones, circunstancias, etc., en que se han dicho o hecho ciertas cosas.

Mucho cuidado al elegir con quién nos sinceramos y cuál es nuestra intención al sincerarnos, al solicitar ayuda. En nuestra opinión, si buscamos que nos consuelen o nos reafirmen en nuestras posiciones probablemente nos estaremos equivocando. Por el contrario, si lo que de verdad buscamos es una ayuda, una respuesta, un consejo, etc., aunque sepamos que pueda no gustarnos, entonces, en general, vamos por buen camino.

Infidelidad del corazón. Esta es la peor, en nuestra opinión. La razón es que se tiene cerrado el corazón a cualquier cosa del otro. Da igual lo que haga: el corazón está sellado con siete llaves.

Es también muy sutil. El cónyuge puede vivir en un mundo feliz ignorando la realidad de su matrimonio, ya que el otro finge que agradece los detalles y que su vida es muy feliz a su lado: cuando en realidad el corazón lo tiene muy lejos. Este tipo de infidelidad, incluso se ha puesto de ejemplo de buen comportamiento, por el sacrificio que supone no esperar nada del otro y olvidarse de uno mismo. La realidad es muy distinta, ya que en ese no esperar nada y olvidarse de uno mismo no se produce el "dar y recibir", indispensable en un matrimonio.

Se trata de personas tan "responsables" que hacen casi automáticamente lo que creen que es su deber. Su vida es una *checklist*. Van haciendo cosas sin esperar nada del otro. Toca cuidar a los niños. Pues los cuido. Toca ir con tus padres. Pues voy. Toca relaciones sexuales, pues las tenemos. Toca hablar, pues hablamos. Toca lo que sea, pues lo hago. Siempre sin esperar nada, ni agradecimiento ni rechazo, ya que no lo hace por amor sino porque es *su deber*. Le preguntas si tiene problemas en su matrimonio y siempre dirá que no. Una persona que no espera nada no puede sentirse mal ni sufrir.

Estas personas pueden parecer sumisas, pero no lo son, simplemente viven una vida haciendo las cosas como creen que es su deber, con un voluntarismo actual. Cuando su cónyuge lo advierte, su vida se convierte en un infierno: sabe que cualquier cosa que haga no será aceptada por el otro de corazón, y cualquier señal de amor no será más que una fila en la *checklist* del otro.

Es la peor infidelidad ya que no entiende que se puede vivir de otra manera, se puede ablandar el corazón y volver a ser vulnerable.

Esta fase del amor adolescente en el matrimonio no es nada fácil ni se arregla con dos consejos. Requiere reparar lo que está dañado y colaborar los dos. Y no importa que vean vuestros hijos que estáis dando pasos para mejorar. No es suficiente con que uno se auto inmole por el otro. Eso sirve para hacer más fácil la convivencia, pero no basta para recuperar el amor que un día se tuvo. Para eso hay que hablar con claridad, sencillez y educación.

Escuchar al otro con sinceridad y ver la parte de verdad que tiene cada uno. Hay que ponerse en el lugar del otro. Esto quizás sea lo más difícil cuando se está enfadado. Por supuesto, hay que estar abiertos a los cambios y cesiones del otro. Sin cambios todo seguirá igual o peor. Los cambios son el único modo para salir de esa situación. Hay que pensar que, cuanto antes reparemos lo que no va, la solución será más fácil.

A medida que reparamos, reconstruimos ese amor. Construimos ahora sobre pilares más sólidos que los de antes. Nos vamos animando, porque vamos viendo cómo cada uno pone algo de su parte para recuperar lo perdido. Y se vuelve a disfrutar de la relación, se recuperan antiguas costumbres o se crean nuevas que hacen disfrutar.

Zancadillas

El amor humano, varón-mujer, es muy delicado. Un gran consejo es no jugar con él. Vamos a ver algunas zancadillas poco aparentes pero que corroen el amor.

Zancadilla romántica. Empezamos a tener sueños románticos sobre qué hubiera pasado si nos hubiéramos casado con otra persona. Y empezamos a idealizar esa relación. Parece que no hacemos mal a nadie, ya que sólo son pensamientos. La realidad es que corremos el riesgo de estar comparando a nuestro marido o mujer con ese sueño. Nadie puede competir contra un sueño.

Podemos estar viendo películas románticas una tras otra que nos impiden valorar la vida que tenemos. Ahora, en RRSS, muchos siguen a matrimonios perfectos. Y sueñan con esa vida ajena. Y siguen a famosos en sus viajes y lujos. Y se imaginan haciendo esos viajes, teniendo esos hijos guapísimos, esa mujer siempre lista para la broma y agradecida a su marido. Esos maridos guapos, sensibles, que solo piensan en tratarte como una reina, que conectan perfectamente con tu sensibilidad femenina.

Nos distanciamos de nuestra realidad que, en el fondo, no es tan diferente a la realidad de esos matrimonios cuando están fuera de las cámaras. Hay, pensamos, demasiada exposición a los demás en las redes sociales. Disminuye la intimidad familiar. Nos centramos más en cómo nos mostramos en las RRSS y podemos descuidar nuestra relación matrimonial queriendo imitar a esas parejas que seguimos y que envidiamos.

Otro problema del romanticismo es pensar que alguien, Dios, el hado, Cupido, el destino, nos unió, y estábamos destinados el uno para el otro desde la eternidad. La verdad es que está muy bien pensar que el universo se conjuró para nuestro encuentro y que sólo tuvimos que dejarnos llevar. Esta forma de pensar es bonita pero muy peligrosa, ya que si la aceptamos nos vemos obligados a llevarla adelante hasta el matrimonio, porque si rompemos la relación, es un feo a Dios, al hado, al destino o a lo que cada uno crea. Es curioso que se reconozca que somos dueños de nuestro destino para todo menos para el amor.

No hay nada más romántico, en nuestra opinión, que decirle al otro: «Te he elegido yo con mis decisiones diarias y he sido yo quien te ha buscado». Eso sí que es romántico. La predestinación en el amor es como reconocer que no somos libres. Que hay algo que nos dirige y nos quita la libertad. Una frase típica es: «Me lo puso Dios en mi camino».

Aparte de que Dios, para un creyente, está en cada minuto de su vida y que nada de lo suyo es ajeno a Dios, también es verdad que respeta nuestra libertad. Y que si has llegado a encontrar a esa persona es por las decisiones que has tomado cada día. Dios nos pone muchas personas a nuestro lado y podemos elegirlas o no. Al final es nuestra decisión y nuestra responsabilidad elegir a una o a otra.

La realidad es que las posibles combinaciones son infinitas. Y cada uno va con sus decisiones concretando su camino. Si miramos para atrás veremos que podíamos haber elegido a otra persona, o no hacer un viaje, o levantarnos más tarde, o tener otros amigos u otro trabajo, etc. Y nuestra vida habría sido diferente. Lo maravilloso de la elección es que es libre y mutua, y por lo tanto es responsabilidad de los dos mantener ese amor.

Zancadilla mágica. Otro peligro es el pensamiento mágico. Pensar que las cosas vienen sin esfuerzo. Que al amor verdadero se llega sin pelear. Que todo saldrá como hemos soñado y que los problemas se solucionan por sí mismos cuando hay amor.

En este tipo de pensamiento se espera que, desde fuera, vendrá aquello que opere el cambio deseado.

También se puede meter a Dios. «Si rezo mucho se obrará el cambio en mi pareja». Aquí, por lo visto, no vale el refrán tan sabio y real de «a Dios rezando y con el mazo dando». Dios puede dar un empujón, pero los problemas siguen y hay que arreglarlos. Ningún problema se arregla dejando pasar el tiempo. En el mejor de los casos se enquista y se funciona como si no existiese, volviendo la espalda a la realidad. Pero lo más normal es que vaya a peor.

El pensamiento mágico lo vemos todos los días. El anuncio de un champú que convierte tu pelo lacio en un pelo fuerte y con volumen. O que es además un crecepelo fantástico con estudios que lo acreditan. Y compramos ese champú con la confianza en lo que promete, aunque nuestra experiencia ha sido en otras ocasiones que todo sigue igual.

Para que nuestra vida de matrimonio mejore y llegue al amor verdadero sólo sirve centrarse en ese amor y cuidarlo todos los días. Si se estropea hay que pararse, hablar y arreglarlo. Es verdad que hay milagros: el cambio de pelo flácido a robusto, o que te crezca el pelo, o que tu marido o mujer sin ningún esfuerzo cambie y te haga feliz. Pero eso es vivir en el pensamiento mágico y conduce al desencanto y a la pasividad. Además, recuperar nuestro matrimonio con el esfuerzo de ambos, lo hace mucho más fuerte y feliz. Está muy bien rezar a Dios, si eres creyente, pero no te olvides del mazo con el que tienes que "dar". También te lo ha dado Él.

Zancadillas comparativas. Una regla de oro para el matrimonio es guardar el corazón. ¿Y eso qué es? Es no comparar nunca a nuestra mujer o marido con nadie. Ni con ellos mismos hace años. Es ser fiel *de pensamiento.* No se puede competir, ya lo hemos dicho, con una ensoñación.

También podemos pensar que, si en nuestro caso tuviéramos la situación de "aquel" matrimonio, seríamos felices. Es decir que el jardín del vecino siempre se ve más verde. La realidad es que sólo seremos felices viviendo nuestro día a día, solucionando nuestras dificultades y disfrutando de nuestras alegrías. Pensar que nos ha tocado bailar "con la más fea/o" aparte de no ser verdad, es injusto y nos impide ser felices.

Zancadilla paternidad maternidad. En un matrimonio una de las diferencias que más problemas da, aparte del sexo, es la paternidad y la maternidad. Ser madre no es lo mismo que ser padre. Son complementarios, y permitir ser madre o padre al otro, en momentos concretos, cuesta mucho: porque los sentimientos, los comportamientos, el manejo de los problemas, etc., son a veces muy diferentes, y pueden llevar a conflictos serios si no somos capaces de aceptar que somos diferentes y que nuestra visión de padre o madre no es la única válida.

La adolescencia del amor es inevitable y produce "un catarro, una gripe, o una neumonía, según los casos". Pero hay que pensar que, si luchamos, la vamos a superar. Y llegaremos así al amor verdadero o madurez en el amor.

3. Madurez del amor

Nos gusta emplear también la expresión *amor verdadero*, por la sencilla razón de que a estas alturas ya se han pasado pruebas y los esposos se han demostrado mutuamente fidelidad. Como en el desarrollo humano, la madurez es consecuencia de haber superado la adolescencia, aunque no deje de haber problemas. Uno no llega a la madurez por tener una determinada edad sino por haber madurado. Hay adolescentes de 50 años y maduros de 25. Probablemente todos podemos poner ejemplos. En el amor pasa lo mismo. Hay matrimonios que llevan 50 años casados y siguen en la adolescencia, viviendo vidas paralelas.

Las vidas paralelas son aquellas en las que cada uno tiene sus sueños, sus trabajos, etc., y no hay puntos de encuentro. Llevan una vida pacífica porque ya no esperan nada del otro. También puede suceder que uno siempre ha llevado las riendas de la relación y de la familia, y el otro vive una vida ignorante de esa situación. Suele darse más que sea la mujer quien lleva la carga y el marido se comporte como un hijo más. Él vive feliz, inconsciente, en un mundo "*happy*", ignorante de lo que pasa en su matrimonio. Ha cambiado su madre por otra "madre", su mujer, que le protege de todos los problemas.

Para llegar al amor verdadero hace falta que ambos maduren en ese amor. La responsabilidad es de los dos.

El amor verdadero no es algo aburrido ni llega por el bajón de las hormonas de cada uno. Es la etapa mejor del amor. Se sabe todo del otro y se adivinan los pensamientos, se dicen las cosas con facilidad, puede haber enfados pero se arreglan rápido, y las relaciones sexuales son satisfactorias para los dos, la entrega es más verdadera y se disfruta haciendo feliz al otro.

Nosotros creemos que hay que explicar esto a la gente que se casa para que no se atasquen en la adolescencia y puedan llegar a la madurez del amor. Porque el amor verdadero comienza en *la infancia del amor*, se gana en *la adolescencia del amor* y se disfruta y consolida en *la madurez del amor*.

No se trata de "aguantar" la forma de ser ajena sino de quererla, ¡de disfrutarla! Con la complementariedad sexual, con la familia extensa, con la paternidad-maternidad, con el trabajo, etc. Se vive así con plenitud. La entrega es total. La fidelidad del corazón es total. El "corazón" es del otro y se disfruta de esa entrega, ya no cuesta. Se tiene el "corazón" abierto al otro. Las zancadillas al amor, las propias de la adolescencia, se han superado.

Como hemos dicho, no se trata de una simple secuencia temporal. La madurez en el amor, en el amor verdadero, es un amor de los amantes que es más fuerte que el acero, más duro que el diamante, con momentos de éxtasis y de contemplación en la fidelidad. Eso se puede vivir teóricamente desde el noviazgo, aunque es difícil. Y se debe vivir hasta el último suspiro de la vida. Como decía un clásico del siglo XVI, «al final de la vida nos examinarán del amor».

Nunca se acaba de amar suficientemente. El amor siempre pide más: más entrega, más fidelidad, más conocimiento mutuo, más disfrutar de su compañía, etc.

Se consigue sentir de verdad que se es uno con el otro. Ya no se pide independencia sino "ser-con". Las miradas son cómplices. Se saborea mirar al otro a los ojos y se busca que nos diga: «Qué necesario/a eres para mí...». Se disfruta contemplando al otro siendo feliz. Se entablan conversaciones íntimas que refuerzan ese amor mutuo.

En nuestra opinión, si sonreímos al leer esto, tenemos que cambiar. Llevamos demasiados siglos sin valorar el amor humano, creyendo que lo descrito es un imposible o una quimera. Si eres creyente, ese amor no está reñido con el amor al Creador sino todo lo contrario. Él ha creado a la persona humana así. Si tu llamada es al matrimonio, Él espera que llegues a ese amor verdadero que te llevará a estar más cerca de Dios. Si no eres creyente y tu confianza en el ser humano es poca porque has sufrido ya experiencias anteriores, puedes cambiar el "chip". En tu interior más profundo, si tu camino es el matrimonio, notarás la necesidad de ese amor humano verdadero que te hará mejor persona.

En realidad, hay que dar un cambio al concepto del matrimonio. Necesitamos, la sociedad actual, matrimonios inconformistas en su modo de vivir el matrimonio. Gente que esté dispuesta a disfrutar de su relación. Que anteponga su matrimonio a otras llamadas de la sociedad, como la realización personal. ¿Qué mejor realización personal que dar nuestra vida, cada uno, en esa empresa tan gigantesca que es dar "gloria" amándose? Cuando uno siente esta llamada, su "realización" es el otro/la otra. No existe "lo mío" sino "lo nuestro". ¿Qué mayor realización personal puede existir que formar unos hijos equilibrados sentimentalmente, preparados —si ese es su camino— a enamorarse como sus padres? Es verdad que ahora no es fácil, pero tampoco lo fue en el pasado. No nos engañemos. El amor se abre camino entre las dificultades.

Nuestros abuelos o bisabuelos no tenían los medios que ahora tenemos. No había los electrodomésticos que hay ahora. La mayoría de nosotros no sabemos qué es una guerra, el hambre, la falta de educación, la falta de medios de comunicación rápidos, etc. Cada época tiene sus peculiaridades.

Poner excusas para no amarse es una "tentación" muy peligrosa. Anteponer el supuesto bienestar de los hijos para no luchar por ese amor que nos debemos, es un error que se paga caro. Seamos claros: solo el egoísmo nos aleja del amor verdadero.

Pensad qué os falta para amaros de verdad. Para necesitaros. No os canséis de hablar, de recomenzar y pedir perdón. Llega un momento en que se ve el final del túnel. No importa el tiempo que habéis pasado en la "adolescencia del amor", sino que habéis llegado a amaros de verdad. No os "encajéis", ¡amaos! No os "soportéis", ¡disfrutaos!

Esto requiere esfuerzo y dedicación. Es necesario tener ciertas capacidades para llegar a amar así. Como hemos dicho al principio, al "amor maduro" no se llega dejando pasar el tiempo sino aprovechándolo para alcanzarlo cuanto antes, sin agobios ni pesimismos, sin ansiedades inútiles. Hablando y escuchando es como vamos conociendo el mundo interior de cada uno. Los humanos somos un misterio incluso para nosotros mismos. Pero la experiencia, profesional y personal, nos dice que el matrimonio es un camino para conocerse y que nos conozcan mejor. Nos sentimos más completos. Nos damos cuenta de que somos vulnerables y que gracias a nuestra mujer o a nuestro marido lo somos menos. La persona que no entiende esto difícilmente podrá ser feliz en su matrimonio.

Hemos dicho que el ser humano es un misterio: pues algo que está formado por la unión de dos seres humanos también lo será. Realmente es difícil de entender y valorar en su extensión ese amor si no se vive. Se puede intuir por la experiencia ajena, pero llegar a saber lo que se siente es muy complicado. Por no decir imposible. El sentimiento de ser-con, o se vive o no se vive. Hay que dejarse de complejos frente a otras formas de vivir en pareja, y sostener con los hechos y palabras que al amor maduro sólo se puede llegar mediante el matrimonio. Lo hemos dicho ya unas cuantas veces en este libro, pero es bueno recordar que no hablamos del matrimonio religioso sino del natural. El matrimonio elevado por el sacramento no cambia nada de la esencia del matrimonio natural. Es, y no es poco, una ayuda. Pero hay que ser consciente de que la fe es un regalo y por lo tanto no se puede conseguir con la voluntad. Se puede pedir y desear, pero no arrebatar mediante la inteligencia y la voluntad. Así que tanto creyentes como no creyentes, si están llamados al matrimonio tienen todo lo necesario para vivirlo y disfrutarlo. El matrimonio cristiano no es otro tipo de matrimonio, sino el mismo.

Que los casados deben aspirar a llegar al amor verdadero no es una opción: es una necesidad. Si queremos cambiar la sociedad son imprescindibles los matrimonios fuertes, enamorados de su llamada y de su mujer o marido.

4. Mitos del matrimonio

En esa etapa de la madurez del amor se ven las cosas con más objetividad, y las negativas se pueden desmontar, y evitar caer en lugares comunes que llamamos los "mitos del matrimonio".

"Matrimonio que dura: buen matrimonio"

No siempre es así. Hay novios que se casan enamoradísimos y por los líos del día a día se van separando. En vez de luchar por recuperar ese amor, siguen el consejo de los "sensatos" y "aguantan". Y siendo bellísimas personas y amándose muchísimo, dejan de luchar y "aguantan". El matrimonio es una vocación personal y por lo tanto vivirla bien es una responsabilidad de los dos juntos y de cada uno. Cuando nos casamos, nos prometemos amarnos y respetarnos todos los días de nuestra vida. No se promete soportarnos y aguantarnos todos los días de nuestra vida. La diferencia es grande. Un buen matrimonio es aquel en el que se ama durante toda la vida. No es fácil, y mucha gente, por su propia experiencia o por malos consejos, piensan que cumplen su vocación simplemente permaneciendo juntos. Hay que pedir consejo a matrimonios que saben vivir a tope esa relación.

"Buen noviazgo: buen matrimonio"

No siempre. La gente cambia y hay que aceptar los cambios. Es más, hay que amarlos y respetarlos. Hay personas que se anclan en una mentalidad de 20 años y se niegan a aceptar los cambios del otro. La libertad del otro no suele ser fácil de aceptar. ¡Cuidado con esto!

Las personas cambiamos y no siempre como los demás esperan. Amar el cambio y las diferencias son cualidades que un aspirante a casarse debe tener.

Al fin y al cabo, cuando nos casamos le estamos diciendo al otro: «Te amaré toda la vida, aunque cambies, aunque envejezcas, aunque engordes, aunque encuentre en el camino de mi vida alguien mejor que tú». No se ponen condiciones ni cláusulas que rompan el acuerdo.

Un buen noviazgo asegura que el matrimonio, es decir el pacto conyugal, se producirá. Pero permanecer enamorados y disfrutando de esa unión es una lucha diaria para toda la vida. Y esto se consolida en la madurez del matrimonio.

"El amor se fue"

Pasar por épocas malas o muy malas es inevitable en dos personas que se aman. Cualquier mala mirada, contestación, etc., duele muchísimo. Parece entonces que no hay nada que hacer, que "el amor se fue".

El amor no se va, sino que lo ocultamos por no luchar por él. Porque después de luchar juntos se llega a un amor más puro, generoso y divertido.

Cuando nos casamos nos prometimos luchar por ese amor que nos tenemos. Escondernos detrás de otras mil responsabilidades distintas es una traición a esa promesa. Socialmente, como en otras cosas, no está mal visto esa falta de lucha si se sigue juntos. Pero podríamos decir que con esa conducta el amor nunca se va, lo estamos echando. Durante el noviazgo tenemos la posibilidad de conocernos y que el amor crezca. Llega un momento en que decidimos dar el paso. Apostar por alguien para toda la vida es, visto desde fuera, como un salto en el vacío. Pero cuando se vive ese amor la decisión no parece tan difícil.

En nuestra opinión, el amor nunca se va él solo: lo hemos escondido, echado, o nunca existió.

Lo propio de personas casadas es luchar siempre, y saber que tras una mala racha se sale fortalecido en el amor. Es saber que poco a poco ese amor se convertirá en verdadero y desinteresado.

"Los hijos son lo primero"

Los hijos son la consecuencia, no la razón. Muchas veces nos escondemos detrás de ellos. Nos refugiamos en la necesidad que tienen de atención.

¡Cuántos mitos con los hijos!

Hay que preguntarse si de verdad son los hijos, o el miedo a reconocer que no estamos luchando por nuestro matrimonio. Nosotros creemos que tanto elogio a las madres volcadas en sus hijos han hecho más mal que bien. Ese concepto de "buena madre" debe cambiar. *Una buena madre debe ser primero una buena esposa.* Esa capacidad de darse a los demás que las mujeres tienen por naturaleza, a veces les lleva a descuidarse ellas mismas y su matrimonio. Muchas veces oímos a madres que se clasifican de "malas madres" por no ser el felpudo de sus hijos.

Hace falta más historias de madres que han reído, disfrutado, etc., con problemas y dificultades, que historias de madres sufridoras y resignadas a su suerte. La mujer de hoy necesita ejemplos de mujeres dueñas de su destino y con carácter para alejarse de esa visión de madre sufriente y resignada. Hay problemas e incluso tragedias en la vida, pero hay que superarlas por uno mismo y por los demás.

Cuando uno se casa no se esclaviza a las necesidades de los hijos. Hay que quererlos como son y preocuparse por ellos, pero no pueden robarnos nuestro matrimonio.

El matrimonio, como venimos diciendo, *es la forma más difícil de vivir en pareja.* Por eso muchas veces tememos elegirlo. Pero cuando se sabe disfrutar del otro en el día a día es una locura. Merece la pena.

Se habla mucho de la entrega a los hijos, pero lo verdaderamente importante es la entrega a nuestro marido o mujer.

"Me caso para entregarme"

Entregarse no es olvidarse de uno mismo sin esperar nada del otro. Así no funciona el matrimonio porque, como hemos dicho antes, hay que saber recibir lo que el otro te quiere dar. Quizás lo más importante es dejarse conocer y mostrarse como uno es: no una idealización de lo que nos gustaría ser, pero que no somos. Pensad que, si el otro no nos conoce, no nos puede dar lo que necesitamos. Hay que saber pedir a nuestra mujer o marido que nos diga cómo quiere ser querido, escucharle, y solo entonces entregarnos a esos deseos. No es nada fácil hacer esto ya que muchas veces creemos que le vendría mejor otra forma de querer. Pero hay que olvidarse de nuestros deseos y entregarnos al otro.

No hace mucho estuvimos con un matrimonio en el que ella decía no sentirse correspondida por su marido.

«Mi marido no se da cuenta de que me desvivo por él y que le doy mi vida. A cada manifestación de entrega él no responde como se espera a una entrega como la mía».

Hablando posteriormente con el marido, se quejaba: «Ella sólo piensa en los hijos y me trata como uno de ellos. O peor. Se adelanta con lo que ella piensa que yo necesito. Pero no necesito eso, y ella no me pregunta. Va por la vida adivinando lo que cada uno necesita, en vez de preguntar y escuchar. Nos estamos alejando. Muchas veces finjo que le agradezco esas cosas, pero en realidad no es así. Si me ve callado y me pregunta qué me pasa y se lo cuento, pone cara de "ya estamos con lo mismo", y me dice que tenemos muchas cosas que cuadrar y que me centre en esas cosas. Que eso que me preocupa desaparecerá. Es como si yo fuera un hijo más que va a contarle cualquier cosa, o como si ella supiera lo que necesito y me lo diera, quiera yo o no. Otras veces no me pregunta, y me hace una comida que me gusta o cualquier otra cosa sin saber qué quiero yo realmente. Estoy cansado de esta situación que nos está separando e impidiendo que yo le cuente. Cree que lo sabe todo...».

Esto es muy normal en los matrimonios tanto por parte del marido como de la mujer. En este caso es la mujer, pero podríamos intercambiar los papeles. Entregarse es darse como el otro quiere que te des. Y eso cuesta. Hablad entre vosotros y contaos las carencias que tenéis. Pedid que os ayuden. Y lo mismo al revés. Tú debes escuchar las carencias del otro y ayudarle, darle lo que necesita.

Esa entrega, buscando y entendiendo lo que el otro necesita, es la verdadera entrega y el verdadero olvido de uno mismo. Hay que hablar y saber escuchar por ambas partes. Sabemos que nuestras necesidades son distintas y que cada uno debe sentirse una parte importante del otro. No es fácil, ya que vamos cambiando con el tiempo. Varían las circunstancias de cada uno. No es lo mismo un matrimonio con hijos que sin ellos. Y con el tiempo llegan los nietos y la jubilación. El deseo de entrega debe ser para toda la vida, tanto en tiempos buenos como malos. Es una carrera de maratón, no una carrera de cien metros.

IV.
EL MATRIMONIO CONFIGURA
AL MUNDO

SI LA CÉLULA DE LA SOCIEDAD es la familia, el matrimonio es la célula de la familia. Matrimonios felices producen familias felices y una sociedad feliz.

Da un poco de pena, por lo menos a nosotros, que se ponga como *desideratum* los matrimonios estables: «Matrimonios estables conducen a familias estables y a una sociedad estable». Parece que hablan de cosas no de personas. Son como los planes de un gobierno que busca la estabilidad parlamentaria. No importa que no sean felices los matrimonios, por lo menos no es lo prioritario: basta que sean "estables".

La estabilidad es el sueño del conformista. La estabilidad está reñida con el amor. El amor no es conformista, lo quiere todo. Así que un matrimonio enamorado no busca la estabilidad, sino la maduración y el crecimiento de ese amor.

Pensad que en un "matrimonio estable" habrá apariencia de paz, pero con unos equilibrios muy precarios.

Se podría conseguir un equilibrio "estable" sostenido por unas familias enfermas que tarde o temprano contaminarán a la sociedad. Eso, nos parece, es lo que está pasando en la actualidad. Nos engañamos pensando: «Aunque nos llevemos mal, si queremos a nuestros hijos, no hacemos daño». No luchar por el matrimonio es ya destruirlo, y repercute en los hijos inevitablemente.

¿Os habéis dicho: «De que tú y yo nos amemos locamente dependen muchas cosas grandes»? Pues nos lo tenemos que decir.

Parece que ese amor no repercute en la sociedad…, y sí que repercute. Se dice que sólo los que se divorcian hacen daño al matrimonio, y no es tan simple, porque hace daño al matrimonio cualquier posible desavenencia. Los hijos nos ven y se dan cuenta de todo. Por eso hay que intentar sanar cualquier pequeño roce, y empezar de nuevo mediante el perdón y el cariño.

Cuando un hijo ve que sus padres no se quieren, sufre. Y tendrá un concepto negativo del matrimonio. Puede que se diga: «A mí cuando me case esto no me pasará». Pero cuando vengan las dificultades, que siempre vienen, no podrá recordar el ejemplo de sus padres para luchar por ese amor.

Sin embargo, cuando un matrimonio es feliz, es decir, cuando ambos se aman, pasan muchas cosas buenas a su alrededor que van calando en la sociedad, casi sin que nos demos cuenta, y la hacen más humana y feliz.

1. LA TERNURA

No se suele hablar de ternura cuando se habla del matrimonio. Nosotros pensamos que se habla demasiado de renuncia, olvido de uno, resignación, etc., y muy poco de esta virtud del matrimonio que es la ternura. Se piensa que la ternura es "mucho corazón y poca cabeza".

Nada más lejos de la realidad.

La ternura debe impregnar todas las relaciones en el matrimonio. Es un seguro de vida para el amor. Cuando se debilita la pasión y el querer cuesta, la ternura es el cobijo del amor. Hemos buscado los antónimos de ternura y los que más nos gustan son: desapego, dureza, acritud y grosería. Cuando no hay ternura empieza el desapego, las vidas paralelas, el no esperar nada del otro. También la dureza de corazón: ¡cómo duele cuando se estuvo enamorado y ahora se recibe un trato seco! Esas miradas de desprecio, con acritud. Y por último la grosería, que también se opone a la ternura. A veces se confunde la confianza y la intimidad con la grosería. ¿Se puede tratar groseramente al otro porque ya nos conocemos? No, señor. Nuestra relación debe estar impregnada de educación y ternura, que está muy ligada a la delicadeza.

Tratar a nuestra pareja con ternura es un derecho que tiene nuestra mujer o marido. Él o ella no es uno más de nuestros amigos. La ternura está libre de cualquier deseo de posesión del otro. Es tratar con delicadeza a alguien que merece todo el respeto. No es blandenguería ni amor "merengoso", es tener siempre a la vista la dignidad del otro. Ternura no es estar pegados como una lapa el uno al otro, imposibles de separar.

Una afectividad especial

¿La afectividad es la ternura?

No lo es. La afectividad es muy importante. Las muestras de cariño son muy necesarias para sentirnos parte de la vida del otro. No se puede dar por supuesto que nos queremos. La afectividad se acompaña con demostraciones de afecto como dejar el mejor sitio, hacer una comida rica, ver la peli que le gusta, cuidar su descanso, un beso cariñoso, una caricia y muchas más. Pero todo esto, también se hace con un hijo, con los padres, con un amigo…

El matrimonio requiere una afectividad más individual, es decir, más personalizada. Nos hace falta más implicación emocional, más exclusividad, porque no somos un familiar, un hijo, un amigo o un novio: somos una misma carne. Y la ternura empapa esa afectividad que le es propia al matrimonio.

Hemos decidido entregarnos mutuamente y cada uno puede reclamar un trato especial. Esto en muchos ambientes escandaliza. «¿Cómo que mi marido —mi mujer— puede exigirme? Será si yo quiero». No han entendido o no viven el matrimonio. Al cuidar al otro me estoy cuidando yo —somos una misma carne— y estoy cuidando "lo nuestro", es decir, el matrimonio. Por eso, hay que cuidar la afectividad y la ternura matrimonial. No importa demostrarla delante de los hijos o en la calle. Es verdad que un cierto recato es muy aconsejable, pero demostrar que nos amamos debe quedar claro. Más vale pasarse que quedarse cortos. Sobre todo, que sea natural y deseado, sin teatro. En muchas familias las demostraciones materno-filiales o paterno-filiales son espontáneas, pero las manifestaciones mujer-marido no son tan espontáneas. En nuestra opinión deberían ser más frecuentes y espontáneas.

Mujeres y varones necesitamos palabras de cariño y de amor. Los varones van a veces de duros. Y les cuesta pedir muestras de afecto. Les es más fácil pedir relaciones sexuales, en general, que una caricia. Decir «¡abrázame!», o «no pasa nada, pero necesito que me abraces». No se trata de fragilidad ni de una menor masculinidad. Pero hay veces que hace falta la delicadeza de la mujer. Su empatía.

La ternura se demuestra de muchas maneras. La más llamativa es con la mirada.

La mirada

Cuando damos un curso sobre matrimonio, muchas veces preguntamos: «¿Hace cuanto que no miras a los ojos a tu marido o a tu mujer?». Suele crearse un silencio o unas risas muy significativas. Mirar no es ver. Una mirada cálida, acogedora, receptiva, cómplice, de admiración, de deseo, etc., es señal de que el amor está a flor de piel. Estas miradas deben mantenerse en el tiempo. No es verdad que el tiempo las enfríe. Hay que cuidar las miradas y darles la importancia que tienen ¡que es mucha! Buscar la mirada del otro es una necesidad para un corazón enamorado. Por mucho que pase el tiempo y cambien las circunstancias debemos seguir mirándonos a los ojos y encontrar esa mirada.

Para mejorar esas miradas hace falta preguntarse ¿cómo va nuestra ternura? ¿Os acordáis de cómo os mirabais a los ojos cuando erais novios? Hay que recuperar esa mirada. ¿Ahora os miráis? Puede ser más difícil, pero es más necesario. La vida es complicada y necesitamos experimentar que tenemos el apoyo de nuestra pareja. Hay niños, hipoteca, gastos, esperanzas no cumplidas, enfados no aclarados, mil cosas del día a día que nos vuelven desconfiados y, sin querer, nos aíslan de nuestra mujer o de nuestro marido. Podemos perder entonces esa mirada llena de ternura.

¡Y no puede ser! Ahora tenemos muchas más cosas en común. Nos hemos demostrado el amor en mil servicios que, a veces, el otro ni se ha dado cuenta. Hay que detenerse y mirarse a los ojos. Y si os habéis mirado, ¿qué veis? ¿Conocéis a esa persona que tenéis enfrente? ¿Qué os transmite su mirada?

Tenéis que hablar de esto en vuestro matrimonio. No hay nada más importante. Cogeos de la mano y miraos. Si alguno se sonríe leyendo esto, ¡mal asunto! Si cree que ya pasó el tiempo de esas cosas, ¡cuidado! El amor en el matrimonio crece si hay esa conexión. El mantenerse porque somos buena gente y nos apreciamos, es poco.

El matrimonio es pelea por el amor del otro. El que se conforma con ir tirando empieza a dirigirse hacia el precipicio de la indiferencia. Y lo primero que se pierde es la ternura.

Hay épocas en la vida en que atravesamos un torbellino de sensaciones y reclamos. Pero no es excusa para olvidarse de la persona que más se la ha jugado por ti. No lo olvides: esconderse tras la careta de "madre abnegada" o de "padre ocupado" para justificar nuestra falta de entrega en el matrimonio es, en nuestra opinión, algo cobarde, y un subterfugio para no reconocer que la relación enferma. ¡Ojo! Que puedes empezar a tener otras prioridades distintas a las de cuidar a tu pareja.

¿Os atreveríais a miraros? Es el primer paso para recuperar la ternura. Decíos tranquilamente qué necesitáis, qué cosas hay que mejorar en la relación, sobreponeos al cansancio de cada día y volved a miraros con pasión. No es fácil, nosotros lo sabemos por experiencia, pero os podemos asegurar que merece la pena. Y sobre todo, que es posible.

Recuperad esa mirada que nos hace sentirnos amados, comprendidos, disculpados, deseados, entendidos, únicos, irrepetibles, dignos de respeto, admirados... Merece la pena haber vivido sólo por esa mirada.

Un beso cuando nos cruzamos, o una caricia, o escuchar con atención y comprensión cuando nos cuenta algo que le preocupa, o llamar con un apodo cómplice a nuestra mujer o marido, o dejarle una nota cariñosa..., todo eso se puede hacer con o sin ternura. En un detalle de ternura inevitablemente va el corazón completo.

2. El perdón

El problema de la vida de pareja es la incomprensión por falta de perdón en ambas partes. No es un problema generalmente de egoísmo, sino de no entenderse. Esa es nuestra experiencia, ignorar los beneficios del perdón y que no hay amor si no hay perdón. Perdonar y ser feliz van de la mano. Uno no puede ser feliz sin perdón. El perdón es fundamental en la vida de pareja. El amor que supone perdonar cubre las deficiencias que todos tenemos.

El perdón viene solo por el amor. A quien más perdonas, más amas. Y quien más te perdona, más te quiere.

Nuestros hijos son de nuestra "carne". Pero tu marido o tu mujer es tu propia carne sin comillas.

Así el perdón sale con naturalidad. Nosotros nos excusamos a nosotros mismos con mucha facilidad, somos auto-comprensivos y entendemos nuestras debilidades. Entonces si el amor nos ha hecho uno en el matrimonio, ¡cómo no vamos a perdonar a nuestra propia carne!

Si no hay perdón no hay amor.

Perdonarme a mí y a los demás

Primero hay que aprender a perdonarnos a nosotros mismos. A nuestro gabinete acuden muchas mujeres con este problema. Viven con un sentimiento de culpa y de victimismo que las paraliza. No llegan a todo, porque es imposible. Se cargan con obligaciones muy pesadas que no son capaces de gestionar como a ellas les gustaría. Y ese no llegar... frustra. Se vuelven ansiosas, saltan a la mínima y ven ofensas y reproches donde no los hay. Y se descarga la presión en el marido. Hay que saber perdonarse y no creer que somos la última Pepsi del desierto. Hay que aprender a querernos como somos, con nuestras fortalezas y debilidades. Hay que escuchar a nuestra mujer o marido, que ve las cosas sin la pasión nuestra.

Después de aprender a perdonarnos a nosotros mismos hay que aprender a perdonar a la persona que más se la ha jugado por nosotros, que es nuestro marido o mujer.

A menudo disculpamos y perdonamos con facilidad a nuestros hijos. Solemos decir que son muy pequeños, que están en la adolescencia y no se entienden ni a sí mismos, etc. Y esas criaturas han roto el jarrón de porcelana o han llegado a las tantas de la noche montando jaleo. Sin embargo, a nuestra mujer o marido, muchas veces, no le pasamos ni media.

Debemos preguntarnos la razón de este comportamiento. No le damos el mismo derecho a equivocarse que damos a nuestros hijos. O el derecho a pensar diferente, o a ver las cosas de forma distinta. Recordemos que es el mismo o la misma que elegimos el día de la boda, pero hemos ido sumando años y hemos ido cambiando. Muchas veces no nos damos cuenta de que nosotros también cambiamos. Y pensamos: «Yo ahora soy así y me tiene que querer como soy», pero esa oportunidad no se la damos a nuestro marido o mujer. Más bien habrá que decir: «Tú ahora eres así y te quiero como eres».

Itinerario del perdón

Lo siguiente para facilitar el perdón es rendir el propio juicio. Hay que hacerlo sin victimismo, de verdad. Es posible que en una discusión tengamos razón, pero suele ser en una cosa pequeña vista desde fuera, aunque a nosotros nos parezca importante. No compensa discutir, enfadarnos, hacernos los mártires, pensar que no nos entiende y que es uno mismo el que siempre perdona. La realidad es que no es verdad. Tenemos que asumir que nuestra visión es muy limitada.

Hay que pensar: «¿Cómo nos gustaría que fuera nuestra mujer o nuestro marido?». A todos nos gustaría tener a una persona que nos disculpara, nos entendiera, nos justificara, que nos diera la razón, que nos mirara con cariño cuando le contamos nuestras cosas o nos viera actuar y que todos nuestros problemas se convirtieran en nada al sentirnos acompañados. Pues empecemos por ser nosotros esa persona para nuestro marido o nuestra mujer. ¿Son tan grandes las "ofensas" que nos ha hecho que no podemos perdonarle? Llevamos tanto peso en la mochila que no podemos dar un paso más, y sobre todo no nos deja ser felices y disfrutar de nuestro matrimonio.

Puede haber cosas que nos hayan dolido muchísimo: incomprensiones, sensación de soledad, líos de dinero, silencios que hablan más que palabras, infidelidades de diferente tipo..., en fin, millones de cosas que duelen mucho a un corazón enamorado. Hay que valorar esos dolores y hablar con claridad y tranquilidad, con deseos de arreglarlos. Son temas enquistados que van creando pus. Debemos abrirlos con cuidado y limpiar ese pus. Puede oler muy mal, por el tiempo que ha estado avanzando la infección. No pasa nada, ¡adelante! Limpiadlo a fondo. Cuando echemos desinfectante puede escocer. Pero luego volverá a oler bien. Y el sol volverá a salir.

Os animamos a no tirar la toalla. Podéis poneros a hablar y empezar a enfadaros, es normal. Paraos entonces y miraos con cariño, dejando la conversación para otro día. Luego cada uno busca la parte de razón del otro. Acuérdate de lo que dijo el otro. Y pregúntate: «¿Por qué sintió eso? No es lo que siento yo». Y en la próxima conversación empezad diciendo: «He intentado entender lo que sentiste y te pido perdón». *¡Wow!* ¡Qué comienzo! El otro se sentirá comprendido y también animado a pedir perdón. Y así poco a poco llega el arreglo y se hacen unas paces muy sabrosas.

En un entorno cristiano de la vida sabemos que el perdón lo pone Dios en el fondo del corazón.

Esto es verdadero amor, amor del bueno. No dejéis de probar.

El matrimonio, siempre lo decimos, es para gente inteligente, que sabe gestionar los problemas y quiere ser feliz. Y sabe disfrutar de su matrimonio.

3. Sinceridad

La sinceridad en el matrimonio no es la misma que la que debemos tener con nuestros padres, hijos, amigos, compañeros de trabajo, etc. Nunca hay que perder de vista que somos una misma "carne". No sólo una relación.

Cuando nos planteamos en el matrimonio ser sinceros hay que saber a quién se lo vamos a decir, cómo se lo vamos a decir y qué debemos contar. Y preguntarse: «¿Aportará algo a mi matrimonio?, ¿mejorará mi relación después de contarlo?».

Es evidente que no podemos estar contando todo lo que se nos ocurre o todo lo que hacemos. El contenido de la sinceridad es más lo que el otro debe saber, sin ponerle en la encrucijada de perdonar o romper la relación. Es contar lo que necesitamos y deseamos. Lo que nos cuesta del otro en la vida cotidiana y en lo que vamos a cambiar. *Es mostrarnos vulnerables delante de nuestra mujer o marido.*

No es tanto nuestras meteduras de pata en el día a día, propias de todo ser humano. Semejante conducta se convertiría en una murga repetitiva. Muchas veces se trataría de decir: «Me gustaría que pudieras descansar en mí, pero como ves que no lo consigo, ayúdame»; «¿podrías ayudarme en la organización de la casa?»; «si me ves distraído/a o distante es porque estoy cansado, no es por falta de interés por ti»; «hay un tema que se me está liando en la cabeza y no sé cómo afrontarlo»... Y tantas otras cosas parecidas.

No se trata de decir lo miserables que somos una y otra vez: eso ya se sabe. Somos seres limitados y cometemos errores. Lo que se trata con la sinceridad en el matrimonio es hablar de sentimientos, de pedir lo que nos falta, de mejorar la vida matrimonial y no ponerle piedras al cónyuge en su camino. No se trata de descargar nuestra conciencia en el otro/a. Habrá cosas que tendremos que contar, según nuestra manera de pensar, al psicólogo, al confesor, a alguien que respetamos por su equidad, al pastor de la comunidad, etc. No todo aporta a la vida matrimonial. No podemos ser tan "sinceros" que hagamos difícil la confianza y la vida del otro.

Según nuestra experiencia, si hemos tenido el descamino de haber sido infiel en el tema sexual no siempre es bueno decirlo. No siempre es buena idea contar que le hemos criticado y contado a otros cosas que a nadie importa más que a nuestro marido o nuestra mujer. Habrá que determinar en cada caso qué es lo mejor, y nuestra intención al contarlo, y cómo es nuestra mujer o nuestro marido. Saber qué daño le va a producir y si será capaz de asimilarlo.

No podemos exigir el perdón. No siempre es "buena sinceridad" obligar al otro a decidir entre romper o perdonar para seguir la relación.

La sinceridad va más por mirar el bien del otro que el nuestro. Es intentar arreglar una conducta inadecuada, poner los medios para no repetirla y dedicarnos más al otro y a su bienestar. Eso cuesta más, porque exige arrepentimiento y reparación. Sin que el otro tenga que hacer el esfuerzo de perdonarnos cuando no tienen ninguna culpa.

La sinceridad siempre tiene que ir a favor de la relación, mejorarla.

Es mejor, en nuestra opinión, comentar que nos cuesta no fijarnos en un determinado varón o mujer, o cuidar la "lengua", que contar algo que ya no tiene remedio. Así nos puede ayudar a alejarnos de ese peligro. Mostrarnos débiles y pedir ayuda cuesta. Es más "heroico" que contar para que nos tengan que perdonar.

Hay infidelidades que al contarlas se asientan en el corazón del ofendido, y eso no es justo. Cuando uno está arrepentido de verdad, hará todo lo posible para no repetirlo. Por lo tanto, si repite el mal comportamiento cada vez que tiene ocasión no estará realmente arrepentido. En cambio, si no lo vuelve hacer, ¿qué necesidad tiene de contarlo? Si rectificamos, la vida matrimonial seguirá mejor que antes, ya que nos dedicaremos a compensar al otro el mal que le hemos hecho sin producirle sufrimiento.

Un sabio consejero nos dijo una vez que si al contar una infidelidad de corazón o de cuerpo nos quedamos relajados es señal de que íbamos buscando descargar la conciencia y no el bien del otro. Si somos católicos una buena confesión ayuda mucho. Si no lo somos, sirve un acto de arrepentimiento verdadero. Pero en los dos casos importa el propósito de reparar el mal hecho y de no repetirlo. Esto que decimos no es lo "políticamente correcto", lo sabemos. Pero creemos que hay que conocer cómo es un corazón enamorado para saber que contar todo no siempre es la mejor solución.

Por tanto, la sinceridad siempre tiene que ir a favor de la vida matrimonial y del amor mutuo. Nunca debe meter un palo entre las ruedas de esa relación. Uno puede decir que tiene frío el corazón, que nota que se aleja y que eso le da miedo. Así, entre los dos, se puede buscar ayuda. Habrá que volver a recordar los tiempos buenos en los que cada uno sólo pensaba en el otro. Poner remedio a cosas que no van bien: «No me gusta que digas esto», «me tratas sin respeto delante de la gente y en casa», «¿qué puedo hacer para que nuestra relación mejore?», «¿qué nos está pasando?». Son preguntas difíciles de hacer y también de contestar cuando no se está bien en la vida matrimonial, pero hay que hacerlas y contestarlas con sinceridad.

La sinceridad es imprescindible, y siempre debe ejercitarse con delicadeza y pensando en la vida matrimonial, para conocerse y avanzar.

Cuidar el corazón de cada uno es responsabilidad personal. No somos amigos ni compañeros de viaje: somos "una sola carne", y no hay relación más fuerte entre un hombre y una mujer que la matrimonial.

Cuando uno se equivoca en lo pequeño o en lo grande hay que poner remedio, no hay excusas. Muchas veces no se trata de contar sino de cambiar. Y si hay que cortar con personas, comodidades, formas de ser, malas costumbres, críticas, etc., se corta. Uno debe apartarse y cambiar. Nada hay más importante que la vida matrimonial entre dos personas casadas. El mal realizado se arregla con "superabundancia" de bien. No hay otra forma.

Es un tema muy delicado y hay opiniones para todos los gustos. Esto es lo que pensamos, y sabemos que no es lo más común. Es más popular decir que el amor todo lo puede, y que perdonar es la demostración mayor de amor. Todo esto es verdad. Pero no podemos ser ingenuos. La línea entre el amor y la ruptura es muy fina. Esforzarse por cambiar es siempre más difícil que decir "lo siento". Romper con nuestra comodidad por amor al otro es la mejor demostración de amor.

4. Fidelidad

Fidelidad es amor en el tiempo

Ya hemos visto muchas maneras de ser infiel, y decimos que la fidelidad es amor en el tiempo por la sencilla razón de que *hace falta tiempo para ser fiel*.

Necesitamos un amor que vaya configurando nuestra existencia, que gobierne todas nuestras decisiones. La fidelidad nos llevará a actuar de una determinada manera por amor a la otra persona.

El amor reclama conocer, y para conocer hace falta tiempo. Y para ello es necesario el compromiso en la relación, es decir, fidelidad.

La fidelidad no es para unos privilegiados sino para los amantes. No existen unos privilegiados a los que la fidelidad les viene caída del cielo, sino que es necesario amar y querer amar. No requiere sólo corazón ni sólo voluntad.

Los amantes aman, y luchan por amar mejor. En el amor hace falta la libertad personal, que no está limitada por la fidelidad sino todo lo contrario. Amo y libremente no sólo permanezco en la relación, sino que la cuido y hago que aumente el amor.

Al elegir renuncio a otras posibilidades. Es obvio. Pero estoy ejercitando la libertad. Si una y otra vez elijo a mi mujer o a mi marido, pongo en acción la libertad y la fidelidad. No se trata de dejar pasar los años juntos. Eso no es fidelidad. Eso es mantenerse, adaptarse, conformarse, etc. Pero uno es fiel cuando elige amar más y mejor.

En resumen: es fiel quien al vivir va reproduciendo el ideal que tiene, y se va identificando con la persona para la que vive. Hay que ir reconociendo cada día a la persona a la que se ha prometido fidelidad. Todo el mundo cambia, es necesario para madurar, y en el matrimonio tenemos que ir adaptándonos a esos cambios. No suelen ser en lo fundamental sino en gustos, preferencias, formas de actuar, etc. No somos los mismos con 20 años que con 40.

Fidelidad - felicidad

Uno no puede ser fiel si no es feliz en esa relación. Aunque a veces las cosas no salgan como habíamos pensado. La fidelidad da paz y la paz te lleva a ser feliz. Aprender a ser fiel es aprender a ser feliz. La felicidad requiere estabilidad. El mundo es un sitio incierto y hay vaivenes, pero eso no quiere decir que no haya estabilidad. Esta debe darse en el corazón, en el centro de nuestro ser, aunque vivamos en un mundo loco.

El voluntarismo en el matrimonio es un pésimo enemigo. Pensar que sólo con nuestra voluntad vamos a solucionar nuestra vida matrimonial es una quimera. No se puede "obligar" al corazón a amar. Nada referente a los sentimientos o al corazón se consigue sólo con voluntad y esfuerzo. Cuando se vive en ese voluntarismo se genera cansancio, tensión, agotamiento, pudiendo enfermar al no entender que nadie, ni siquiera uno mismo, puede *obligarse a sí mismo* a amar.

Si nos casamos enamorados y nos enfriamos, se puede recuperar ese amor con paciencia, humildad y estando ambos dispuestos a escuchar, hablar, perdonar y ser perdonado. Sin estas disposiciones, sólo con la voluntad de volver a amar, lo máximo que se consigue es una convivencia educada.

Que la vida matrimonial sea feliz depende de cada uno de los amantes. Llevar uno sólo la carga del matrimonio, aunque sea con la mejor de las voluntades, no conduce a un matrimonio feliz: nunca madurará el amor de la pareja y se mantendrán en el mejor de los casos en un amor infantil.

Nunca se puede renunciar a esa responsabilidad.

Por otra parte, los consejos de personas ajenas al matrimonio no liberan de la responsabilidad personal. Cada uno debe hacer un examen de lo que ha hecho bien y mal, y rectificar si es el caso.

Por eso el dejarse llevar por un "ambiente bueno" no nos convierte en un buen matrimonio, ya que cuando cambie el ambiente quizá no aguante ese matrimonio, por falta de raíces. Y, si lo hace, puede ser por puro voluntarismo. En nuestra opinión, más que cambiar el ambiente con leyes que impidan la ruptura del matrimonio, hay que formar matrimonios capaces de mantenerse fuertes en cualquier ambiente.

Dice san Agustín: «Si dices basta, estás perdido. Crece siempre, camina siempre, progresa siempre». Esto se puede aplicar al amor conyugal.

El que nota la carga, encuentra la felicidad, porque está decidido a acrecentar su amor y ser feliz. Ese entiende y vive de forma excelsa su vida matrimonial. No ve su vida como un continuo sacrificio lleno de renuncias, sino como un camino que hay que recorrer entre penas y alegrías, entre esfuerzos y disfrutes, pero siendo feliz durante el trayecto.

5. Alegría, lealtad y prudencia

Son tres virtudes imprescindibles en la vida matrimonial.

La alegría no consiste en la risa continua. Está muy relacionada con el optimismo y las ganas de ser felices.

La alegría es un pegamento para el matrimonio que hace que los problemas se vean con una perspectiva diferente. Facilita la convivencia. Es muy difícil vivir la vida matrimonial con una visión pesimista o demasiado "realista". Los problemas siempre existirán. Las debilidades de cada uno estarán siempre presentes. Las injusticias y desengaños son verdaderos. Las personas cambiamos y no siempre para bien, etc. Todo es real, igual que es el amor que hay en el matrimonio, aunque haya momentos que no se vea claro. También están ahí los muchos actos de amor que se han hecho a lo largo del tiempo de convivencia, todo lo construido juntos, saber que nos aceptan con nuestras debilidades, etc.

Las personas que son capaces de superar los problemas con optimismo y alegría son las que alcanzan un matrimonio feliz y son ejemplo para los demás.

Saber disfrutar de las cosas pequeñas y no sólo de las excepcionales es el secreto de la felicidad.

La alegría hace la vida matrimonial siempre nueva y consigue superar las pequeñas o grandes cosas que sobrevienen. Las ponen en su sitio y nos facilita la educación de los hijos.

Conocer la realidad

Lo primero para ser alegres es conocer nuestra propia fragilidad y saber que a pesar de ella nos eligió nuestra mujer o nuestro marido. Saber que "yo" también he cambiado, y que no "soy el mismo/a" que al principio. Es aceptar la libertad personal que tiene el otro para cambiar y pensar libremente. Hay gente que le gustaría que se hicieran las cosas a su gusto o tener siempre razón y que nadie cambie a su alrededor, excepto él mismo.

El que es alegre mira con amor y comprensión al otro. Intenta ver siempre el lado positivo de las cosas o, por lo menos, si objetivamente no lo hay, mira con optimismo el futuro.

Es más fácil dejarse llevar por un "realismo" negativo que por el optimismo, pero es una vida muy cansada.

El matrimonio de dos personas alegres no les impedirá ver los problemas, los sinsabores, los enfados, los silencios dolorosos, las incomprensiones, etc., pero saldrán de cada situación con seguridad y reforzados. La alegría hay que conseguirla, si no la tenemos; y se obtiene considerando lo mucho que tenemos sin merecerlo, agradeciendo lo que hacen los demás por nosotros y procurando hacer la vida más fácil a nuestro marido o a nuestra mujer.

Siempre tenemos razones para estar felices. Hay que buscarlas y disfrutarlas.

Lealtad

La lealtad no está bien vista, hoy en día, en muchos ambientes. Pensar en uno mismo parece lo más "prudente". Cuando dimos nuestro "sí" al casarnos nos prometimos lealtad. Nos dijimos: «Te amaré aunque cambies, enfermes, tu cuerpo envejezca, aunque se me nuble la inteligencia, etc.». El que no es leal no puede ser feliz en la vida matrimonial. Estará siempre comparando…, siempre buscando.

El leal, en momentos de tormenta, se agarra a los recuerdos buenos del pasado y a lo que han construidos juntos. Sabe que dio su palabra, que la tormenta pasará y el sol volverá a salir con más fuerza. Sabe que el amor mutuo quedará fortalecido.

Como veis, la lealtad está relacionada con la alegría y el optimismo.

Cuando alguien es leal de modo habitual, en épocas de bonanza, cuando lleguen tiempos complicados —que siempre llegan— encontrará más fácil ser fiel. El matrimonio no se puede tomar y dejar a voluntad. Una vez casados esa unión permanecerá de por vida. Es algo que en un momento dependía de nuestra voluntad y decidimos unirnos en una sola carne. Igual pasa cuando decidimos ser padres o madres: por mucho que luego queramos dejar de serlo no lo podemos hacer. Lo seremos de por vida. Hay situaciones o decisiones, unas pocas, que no tienen vuelta atrás y para esas cosas hay que ser leales.

El leal no piensa «no me entiende», «él/ella no haría eso por mí», «si no cambia, lo/la dejo». Piensa más bien qué puede hacer para cambiar esa situación adversa. Sabe esperar pacientemente. Escucha e intenta entender la otra posición. Habla con tranquilidad, sin ultimátum. Perdona libremente. Facilita una salida airosa ante situaciones complicadas, etc.

Prudencia

La prudencia es conocerse, "saber de qué pie cojeo". El prudente se sabe limitado y no se pone a prueba. Muchas veces sabe esperar y otras actúa rápido. ¡Cuántos casos de infidelidad sexual se habrían evitado con una huida rápida! ¡Cuántas infidelidades evitaríamos si no tomáramos ese café con ese padre o madre del colegio de nuestros hijos! Ya lo hemos dicho antes al hablar de los tipos de infidelidades, pero es bueno recordarlo. La peor infidelidad es la del corazón. Y por nuestra experiencia esos cafés "inocentes" son la puerta a la infidelidad del corazón. ¿En qué consiste? En cerrarnos al amor del otro/a y no aceptar nada de él o de ella.

La prudencia es poner líneas rojas que nos marquen el camino. Es no complicarnos la vida con "regalos" envenenados.

Es aplicar el sentido común que utilizamos para otras cosas. Es no hacer equilibrios en un acantilado, meter los dedos en un enchufe para ver si hay corriente, etc. En el fondo todos sabemos cuándo jugamos con fuego, pero muchas veces nos engañamos y ponemos excusas.

Una esposa se había enamorado de otro padre del colegio. Nos contaba que todo empezó oyéndole decir lo mal que le trataba su mujer y como él la seguía queriendo. Café tras café, conversación tras conversación ella se fue enamorando. Nunca se acostaron, pero su corazón se alejó de su marido. Solo deseaba estar con "el otro", y su marido se dio cuenta. El sufrimiento de él era muy grande y fue el primero en pedirnos ayuda.

Es mucho más difícil darse cuenta de esta infidelidad que del hecho de acostarse. Ella pensaba que no era infiel, sino que simplemente se había desenamorado. En cambio, si se hubiese acostado sería algo tan llamativo que tal vez le habría hecho reaccionar. Explicar esa infidelidad es complicado porque ella sostenía que solo se ofreció a ayudar. Que nunca había cedido a acostarse y lo único que había pasado es que sus sentimientos habían cambiado. Esta historia se repite demasiado a menudo.

Por eso alejarse de situaciones que no controlamos es signo de ser prudentes.

6. Maternidad y paternidad

El matrimonio amplía nuestros horizontes y nos ayuda a comprender la complejidad del mundo. La paternidad y la maternidad son dos formas de afrontar de manera diversa un mismo hecho: el nacimiento de un hijo.

La forma de vivir la paternidad y la maternidad puede ocasionar enfados que distancian, porque no dejan de ser un instinto. El caso de la maternidad está más desarrollado en la mujer que el de la paternidad en el varón. El cuidado de los hijos y la dependencia emocional de la mujer con respecto a los hijos puede conducir a que ella empiece a priorizarles frente al varón. Ella espera que él responda de la misma manera y lo que encuentra es que el varón sigue reclamando la misma atención de ella que antes de la llegada de los hijos. Por otra parte, los hijos, reclaman mucha atención de la madre. Ella despliega toda su maternidad y los hijos le dan mucha afectividad, que le baja su libido. El padre tiene compartimentada perfectamente su paternidad y su ser marido. La afectividad que recibe de los hijos no le hace disminuir su deseo sexual. Esto crea un desconcierto entre los dos, cuando no enfados. Ir encajando esta nueva situación requiere por parte de ambos mucha empatía emocional. Por otra parte, la dificultad para encontrar el momento de estar solos complica más aún esta complementariedad.

Esta es la realidad que viven los matrimonios. No vale ceder uno, siempre, para que el otro no se enfade. Lo mejor es comentarlo juntos y sincerarse. Ponerse en el lugar del otro no es fácil. Por eso siempre decimos que el matrimonio requiere capacidades y virtudes que si faltan hacen difícil la convivencia. Pero si se consigue esa complementariedad de la paternidad y maternidad, se disfruta mucho de la llegada de los hijos.

Al hablar de complementariedad, durante mucho tiempo se ha puesto la atención en "hogar o trabajo". La realidad, en nuestra opinión, es que la verdadera complementariedad se da en dos dobles aspectos: paternidad-maternidad y sexualidad masculina y femenina.

Somos tan distintos en estos temas que para conciliarlos hace falta querer entender y aprender del otro.

Es verdad que uno mismo es un ser completo: somos independientes y dueños de nosotros mismos. Pero el trato con los demás debe mejorarnos. El matrimonio nos ayuda. En cierto sentido, nos completa. La visión de los problemas y las soluciones que aporta cada uno, de ordinario diferentes, nos hacen comprender mejor el mundo. Por eso hay que aprender del otro, de su paternidad y de su maternidad, de su feminidad y de su masculinidad. No es mejor la maternidad ni la paternidad, son dos formas de vivir un mismo hecho: el de tener un hijo.

Estamos en una época convulsa y confusa entre los sexos y entre las generaciones. Entre sexos porque los roles de siglos pasados han quedado atrás y no valen. Entre generaciones, porque los hijos buscan un ejemplo de qué es ser varón o mujer en este siglo y los progenitores se tienen que reinventar, porque los ejemplos de los abuelos ya no valen. El concepto de paternidad está en entredicho, no se sabe cómo adaptarlo y qué estatus darle.

Hay muchos aspectos que hoy trastocan los roles y obligaciones en la familia extensa. Por ejemplo, la figura de los bisabuelos. Antes era rarísima, pero hoy está más presente. Cada día se vive más, y las familias ya no son tres generaciones sino cuatro. El cuidado de los bisabuelos por parte de los abuelos quita tiempo para el cuidado de los nietos. Esa figura de los abuelos que tenían tiempo para quedarse con los nietos, cada vez se da menos: se tienen que repartir entre sus padres, sus trabajos —muchos no están jubilados—, su matrimonio, sus hijos y sus nietos. Poco tiempo y muchos reclamos. Es un tema que se aparca porque no se sabe cómo actuar con justicia hacia los padres de uno. Esto también crea problemas en la familia y lógicamente en el matrimonio.

Por lo que hemos estudiado en estos años vemos que se ha pasado, de valorar mucho la paternidad y considerar a la maternidad como algo débil, a sobrevalorarla y postularla como la única forma de actuar con los hijos.

Se ha ido de un extremo al otro. Mientras no se valore la importancia de ambas facetas en la educación equilibrada de los hijos, seguiremos dando bandazos.

En nuestra opinión, se debe buscar ese nuevo sentido de ser padres-madres sin perder la noción primigenia de comunidad de amor y solidaridad.

El matrimonio tiene que hacer un esfuerzo para no dejarse llevar por la corriente actual de no apreciar al varón en su faceta de padre. Hay muchos libros y también cuentas en RRSS que hablan de la maternidad, pero hay muy poco sobre la paternidad más allá de una especie de paternidad maternizada. Esto se debe a que es más complicado encajar el varón-padre en esta sociedad actual tan cambiante.

Pensamos que no es fácil y que hay que intentarlo desde cero. Lo evidente es que son muy diferentes la sensibilidad, la inteligencia emocional, el cuidado de los hijos, la protección de la familia, etc., del varón y de la mujer.

En primer lugar, hace falta que varón y mujer acepten que son distintos y que tienen cualidades específicas para la crianza de los hijos. Hace falta que la madre sea capaz de admitir que su pareja no puede ser madre, y que sólo puede realizarse en el cuidado de los hijos desplegando su paternidad. Que en muchos aspectos no tiene nada que ver con la maternidad en los modos, pero sí en los fines. Esta conciliación es muy importante para tener hijos con buena inteligencia emocional.

Por eso, también hace falta que haya en la pareja respeto y amor. Sin ese respeto y amor de los padres entre sí —varón y mujer— es muy difícil una educación equilibrada de los hijos.

Es importante para los hijos que sus padres tengan una biografía común que se alargue en el tiempo. A los hijos les hace falta tener una madre y un padre en muchos momentos de sus vidas. Y que cada uno aporte sus diferencias respecto al otro sexo.

Por lo tanto, la familia entendida como padre-madre-hijos, no tendrá futuro si cada uno de sus componentes no aporta al resto las peculiaridades que le son propias. Si intentamos pasar todo por el tubo de la "igualdad" lo único que hacemos es perder, por el camino, lo bueno de las diferencias.

En nuestra opinión, compartida por muchos expertos, debemos dejar al varón ser padre y a la mujer ser madre. Dicho así parece fácil, pero no lo es. Porque como hemos dicho, en la educación sexual actual no se explican las diferencias anatómicas y psicológicas de sus cerebros. Muchas parejas llegan así a la vida en común pensando que el otro sexo es morfológicamente distinto, pero mentalmente igual, o que "yo" tengo la razón en la forma en la que se debe "pensar, sentir" con respecto a los hijos. Y en realidad no hay una forma monolítica de educar y de querer, y no se valora esa duplicidad del sentimiento de paternidad-maternidad. Las grandes discusiones de las parejas suelen venir por el tema de los hijos, por cómo siente cada uno la paternidad y la maternidad.

Porque si ser varón o ser mujer es tan distinto, ¡QUÉ DISTINTO ES SER PADRE O MADRE!

No se pueden dar soluciones generales a problemas tan particulares. No se debe, desde la sociedad, sobrevalorar a la mujer en detrimento del varón. Porque ya vimos que ese método no sirve. La anterior sociedad machista sólo consiguió que la mujer se doblegara al hombre. Pero si lo hacemos al revés, sólo obtendremos los mismos errores de antaño, pero con otro signo.

En esta sociedad tan poliédrica, interconectada por todas partes, con mensajes tan distintos, incluso opuestos, hace falta mucha inteligencia para buscar el equilibrio familiar. Hay que buscar ratos en los que se vive en el calor de la familia, donde cada uno de sus miembros puede ser él mismo, sin tener que aparentar lo que no es.

El varón, padre, rompe más fácilmente "el cordón umbilical" que la madre. Da más libertad y supervisa menos los juegos. Son juegos, los del padre, más bulliciosos y físicos. Son más impredecibles, obligan al hijo a estar más atento. Libera a la madre de la "esclavitud" de los hijos. Los hijos, en muchos casos, abusan del cariño de sus madres, y es el padre el que corta esa relación que puede llegar a ser perniciosa.

Los padres enseñan a los hijos a ser más fuertes frente al dolor y el sufrimiento. Son ellos los que suelen quitar importancia a las heridas o golpes que sufren en los juegos, porque la primera reacción es buscar el consuelo de la madre. Y los ayudan a superar ese mal rato. También suelen ser más firmes y estrictos en los castigos.

Por otro lado, la madre es el referente emocional de la familia. Suaviza las relaciones entre el padre y los hijos. Escucha mejor que nadie. Es capaz de ponerse en el lugar del otro. No se impacienta tanto como el varón con los defectos o posibles fracasos de los hijos. Sus juegos son más tranquilos y predecibles; son más serenos y dan seguridad a los hijos porque ya conocen las reglas de ese juego. Consigue acuerdos con los hijos, sin imponerse.

Como se ve, son cosas que se pueden deducir de cómo es el varón y cómo es la mujer. Todo lo que vaya en contra de esto está llamado al fracaso. No se puede modelar al varón o a la mujer al gusto de "no sé quién".

Los hijos varones necesitan un referente de lo que es un padre del siglo XXI y las hijas lo mismo.

Se puede decir que la riqueza de ser varón o ser mujer no se debe abolir. La sociedad necesita a los dos, y prescindir de uno de ellos es volver a cometer los mismos errores que se llevaron a cabo con las mujeres, en tiempos no tan lejanos, y que hoy en día se siguen repitiendo en muchas partes del mundo.

Hoy se tiende a la uniformidad. Vemos con preocupación que se lleva a la mujer a una sexualidad masculinizada. Se pone como prototipo la sexualidad del varón, y la mujer debe imitarle. Y por otro lado se lleva al varón a que sienta su paternidad como una mujer. No dejando que cada sexo exprese su forma peculiar de vivir esos aspectos del ser humano.

Que los hijos se sientan queridos y que sus padres se quieran hace que los propios hijos sean más estables emocionalmente. Ver que sus padres priorizan el amor entre ellos les ayuda a ponerse en su lugar: saber que son una consecuencia de ese amor, no la razón de él. Por ejemplo, los padres no se deben convertir en esclavos de la formación extraescolar de los hijos.

Es muy importante aportar a la sociedad ciudadanos equilibrados emocionalmente. Conocer el amor en propia carne a través de los padres es imprescindible para desearlo. Nadie da lo que no tiene o conoce. Ver el amor de los padres es el mejor ejemplo que se puede dar a los hijos.

7. No hay nada perdido

Cuando un matrimonio no va bien y alguien —uno de ellos o un amigo o familiar— nos pide ayuda, siempre preguntamos ¿quieren los dos arreglar su matrimonio? La pena muchas veces es que sólo uno de ellos quiere mejorar, o ninguno. Y la ayuda la pide un tercero, al ver el sufrimiento de la pareja. La realidad es que, si no están en disposición de querer mejorar, nadie puede obligarles. En nuestra experiencia, si no hay ese deseo no se puede ayudar. En esas situaciones, hablando con los dos, se puede animar a intentarlo, pero siempre es necesario que los dos asuman sinceramente que hay ganas, aunque sean pocas, de volver a recuperar esa confianza y dar pasos hacia la reconciliación.

La buena voluntad es imprescindible. Sin ella todo se mira con recelo y desconfianza. Cuando la hay todo es más fácil y se avanza más rápido.

Tuvimos un caso en que ella vino pidiendo ayuda, nos dijo que había tenido una gran conversión y "necesitaba" poner todo en orden. Quedamos con ellos y la conversación fue dura. Él se quejaba de que llevaba años intentando arreglarlo y ella le castigaba volcándose con los hijos. Nos habló de que su mujer le presentó a una persona que le ayudaba en el proceso de formación en su fe. En esa conversación, nos comentaba, «aparecía Dios por todas partes, y yo no soy creyente», «me daba la impresión de que no tener fe era la causa de nuestros problemas», «mis padres no tienen fe y siempre se han amado».

Es un problema que nos encontramos a veces. Se intenta "arreglar" un matrimonio metiendo a Dios como con "fórceps" y se culpa de los problemas a su falta de fe. La fe ayuda, pero no vence o doblega la voluntad para conseguir que se amen. Existe la libertad individual de cada uno. Por eso, ya lo hemos comentado, el matrimonio es la forma más complicada de vivir en pareja.

Siguiendo con el caso: él se sentía aprisionado por el entorno. «La verdad —le decían—, no te entendemos. Ella ha cambiado y tú ni lo agradeces».

Hablamos con ellos e intentamos que recordaran sus inicios y cómo era su amor antes de los desencuentros. Se emocionaron hablando de su amor y del sufrimiento que les producía esta separación. Pero nada se consigue si no empiezan a asumir la responsabilidad de ese fracaso en la vida matrimonial.

También sucede el caso inverso, en el que los dos tienen fe pero uno de ellos la pierde.

En nuestra opinión, meter a Dios para obligar a alguien a amar es un error. Para el que tiene fe la ayuda de Dios es muy importante, pero sabe que —como dice el refrán— «a Dios rogando y con el mazo dando».

En todo caso hay que reparar lo dañado, y eso requiere esfuerzo y dedicación. No es suficiente con perdonar y ser perdonado, hay que recuperar la confianza y la pasión. No se trata de conseguir una vida pacífica en común. Este tipo de vida sin grandes expectativas va alejando a los amantes y llevándolos a unas vidas paralelas en las que rige tal vez el respeto, la educación, el compromiso, etc., pero falta el amor.

Lo difícil es recuperar el amor que se tuvo y que está oculto debajo de mil cosas apremiantes, desengaños, o silencios cómplices.

Pero volvamos al caso que estábamos comentando. La mujer decía que estaba dispuesta a lo que él quisiera con tal de arreglar la vida matrimonial. Es una buena actitud, pero no suficiente. No se trata de "inmolarse", sino de volver a enamorarse y ver lo que no se ha hecho bien y cómo mejorarlo. La realidad es que ese matrimonio, no sabemos si por malos consejos o por la presión que hacía la mujer para arreglarlo, no dio grandes pasos. Ella estaba "dispuesta a todo" pero él desconfiaba de si era por su nueva fe o por amor a él. Ella tampoco sabía explicarse muy bien y daba la sensación de que no era el amor hacia él lo que la movía, sino más bien cumplir un requisito de su "fe". Tendrán que aclararse y saber por qué quieren recuperar su amor.

Recupera a tu mujer

Para recuperar a tu mujer lo primero es saber qué necesita y cómo quiere ser querida. Para eso hay que hablar y ser sinceros. No podemos adivinar sus necesidades.

En general una mujer necesita saberse comprendida y querida. Hay muchas veces que a los varones les cuesta entender el mundo interior de la mujer y qué le hace feliz o infeliz. Para ella eso es muy importante. La forma de ver los problemas es diferente al varón y eso hace que él no le dé la importancia que ella le da a ciertas situaciones de la vida. Ella tiene un instinto maternal mucho más fuerte que el instinto paternal, y muchas veces no sabe cómo enfocar ese instinto. No quiere ser una "mala madre" y se excede en su misión como madre. Es una lucha de la mujer de este siglo. Ahora trabaja generalmente fuera y su instinto le reclama estar más tiempo con sus hijos, pero no encuentra la forma. Eso le hace sentirse mal y es ocasión de compararse con su marido, el cual no tiene esa lucha de forma tan fuerte. Se siente sola en esa misión y puede tener desencuentros con el marido. Es trabajo de los dos alcanzar ese equilibrio. Es importante ponerse en el lugar del otro y ver las razones de cada uno.

Si se le ayuda a descargar esa responsabilidad que ella siente y la mujer se deja ayudar y se fía del marido su vida será más relajada.

Otro momento en que ella necesita ser comprendida es en la última parte de su ciclo menstrual, porque entonces se siente mal consigo misma. Ella debe notar el apoyo de él y saber que puede contarle todo lo que le pasa sin sentirse enjuiciada. No es fácil para el varón comprender lo que la mujer siente, ya que él no pasa por esa fase hormonal. Repetimos mucho la palabra "sentir" pero las mujeres que lean este texto lo agradecerán. Por otra parte, ella, debe saber que estos ritmos hormonales son parte de su ser mujer y tiene que poner la cabeza y saber que dentro de unos días volverá a ver las cosas con más equilibrio. Le facilitará la vida reírse de sí misma y procurar relativizar esas sensaciones. No es fácil, y es bueno que el marido la comprenda, especialmente en esos días.

¿Quieres ganarte a tu mujer? Entonces discúlpala, no la juzgues. Nosotros solemos poner el siguiente caso: llega tu mujer y te dice: «He rayado el coche en el garaje». Tú, en vez de enfadarte, le dices: «¿Pero tú estás bien? No te preocupes, bastante haces con los niños en el coche, la música a todo volumen, etc. Y encima la dichosa columna que parece que se mueve para amargarte el día. Tranquila, yo me encargo del seguro y de llevar el coche al taller». Ya te la has ganado. ¡Qué más puede pedir! Sentirse disculpada es una de las mejores sensaciones para una mujer. Si actúas así no eres un falso…, estás amando a tu mujer como ella quiere ser amada.

Deseada y amada: La mujer quiere sentirse deseada y amada por su marido. Es importante decirle que esta guapísima y que la quieres. Ella lo sabe, pero necesita oírlo. Con el jaleo de los niños y el follón de la compra no es el mejor momento para ponerse meloso. Pero en un momento de calma hay que aprovechar para decírselo. Cuando ella se arregla para salir a la calle o a una cena también puede ser un buen momento. La mujer también debe agradecer esas palabras del marido y no cortarle con frases lapidarias: «¡Cómo voy a estar guapa después de los embarazos!», «anda, no digas tonterías, que yo me miro al espejo todos los días» y otras muchas. Hay que creerse lo que nos dicen. Y no machacar al pobre marido.

Escuchada: Esto es lo que más cuesta al varón. A ellos no les va tener conversaciones sobre sentimientos. Pongamos un ejemplo. Ella te cuenta que alguien no le ha tratado como esperaba y tú, en vez de escuchar, le empiczas a decir que lo pase por alto, que es muy normal en el trato con las personas, y le comentas alguna solución para ese caso. Tu mujer no se siente escuchada y acaba por enfadarse. Tú no entiendes nada y también te enfadas. En estos casos hay que escuchar y no decir nada. Es muy difícil para el varón reaccionar así porque su cerebro y su forma de resolver esos problemas es mediante soluciones, no hablando.

Dedicarte a escuchar a tu mujer y entender sus sentimientos es una forma de hacerle la vida más fácil y que encuentre en ti ese amante que ella necesita.

Recupera a tu marido

Es verdad que todos necesitamos sentirnos entendidos, disculpados, etc. Pero de forma distinta, y no es, en general, lo más importante para el varón.

¿Qué es lo que un varón reclama más de su mujer?

Hay dos aspectos que para nosotros son muy importantes en el varón.

Sentirse admirado por su mujer: es un tema crucial para el varón. También lo es para la mujer, pero no con tanta intensidad como para el varón. Él se pasa la vida compitiendo para ser valorado en el grupo de amigos. El hombre necesita ser valorado en el grupo, tiene que ser bueno *en algo*: en el deporte, en los estudios, en el trabajo, en el bricolaje, en cocinar, en la informática, etc.

¿A cuántos varones que nunca han cogido una sartén les da por tener su "plato estrella" o su deporte raro que sólo hace él? Es una necesidad ser bueno en algo. Sentirse un inútil es el peor sentimiento para un varón. Cuando esto lo lea una mujer se sonreirá, posiblemente, y pensara «¡cómo pueden ser tan básicos!». Tienes que recordar que para él es tan importante como sentirse entendida o disculpada para ti. A él también le parece increíble que sólo necesites sentirte entendida, más que buscar una solución. Todos vistos desde el otro sexo somos muy básicos e incluso en ocasiones "ridículos". Pero esta es la realidad y todos merecemos ser queridos como deseamos serlo.

Por eso cuando tu marido te cuente un logro suyo debes escucharlo y que se sienta admirado.

¿Quieres recuperar a tu marido? Hazle sentirse admirado. Cuenta sus logros a los amigos y familiares. Harás con él lo que quieras, como él con la mujer en el caso precedente.

Las relaciones sexuales: ¡ya estamos con el temita!, pensaréis posiblemente las mujeres. La realidad es que el varón, cuando disfruta junto con su mujer de un buen encuentro sexual, se siente amado y deseado por ella. No es un tema baladí. Estamos así "diseñados".

Muchas veces se infravalora el tema sexual frente a otros por considerarlo "un poco egoísta". Nada más lejos de la realidad. Lo hemos comentado antes, pero es bueno recordarlo: el sexo está hecho para el matrimonio y sólo para él. Cuando se compara o se piensa en él como camino de perdición de muchas personas estamos equivocando el tiro. El mal uso del sexo por ciertas personas no le quita al sexo su belleza original y su porqué en la naturaleza. Es como pensar que el matrimonio es malo e indeseable porque ciertas personas lo viven mal.

Muchas veces oímos: «Cuidado con el sexo, que te puede hacer egoísta». Nos da la impresión de que esa gente ve el sexo en su parte sucia y mal usada. Claro que para la gente que tiene relaciones sexuales fuera del matrimonio, estas les pueden llevar a ser unos egoístas pero es que el sexo no es para ese uso. Nosotros siempre pedimos que no se hable del sexo y sus consecuencias, igualando todas las situaciones. No conocemos a nadie que, viviendo bien el sexo, empeore. Al contrario, disfrutándolo en el matrimonio nos lleva a ser mejor personas. Está diseñado para mejorar la vida matrimonial y a los esposos.

Es muy bueno que las mujeres estén pendientes de esa realidad del varón, busquen esos encuentros y se preocupen de disfrutar juntos. Él se da cuenta de cuándo entregas tu cuerpo, pero no tu corazón. Cuándo lo haces por quitártelo de encima. Es horrible esa sensación para el varón. Coméntalo con él y busca el mejor momento posible para ese encuentro.

Resumiendo: todos necesitamos lo expuesto de una manera o de otra. Pero la realidad es que con una intensidad o visión distinta. No podemos pensar que lo nuestro es lo maduro y lo otro lo básico o inmaduro. No es nada fácil ver las necesidades del otro y valorarlas en su justa medida. Probablemente cada uno, el marido por su lado y la mujer por el suyo, os habréis sentido identificados. Esa es la mejor señal de que tenemos carencias afectivas en nuestro matrimonio y que, si este texto os sirve para mejorar y reconquistar a tu mujer o a tu marido, habremos conseguido nuestro objetivo.

Con gran dolor

Hay situaciones muy dolorosas en las que uno o los dos no quieren arreglar su vida matrimonial. Las causas por las que una pareja sufre son una lista infinita, hay tantas como personas.

Lo recalcamos mucho: el amor no se consigue con la voluntad. Para el amor matrimonial cada uno debe tener una serie de cualidades que le ayuden y le lleven a la decisión de casarse. Pero somos libres, y cambiamos. Y este juego de libertad y cambios puede hacer que la vida matrimonial sea insufrible o ya no se espere nada del otro. Y la convivencia sea co-habitación en vez de vida matrimonial. En esos casos hay que considerar si la mejor solución es la separación. No siempre es mejor seguir juntos, ni tampoco separarse, cuando hay un problema que parece insuperable. Hay que estudiar cada caso y decidir en conciencia.

Hay que evitar que una vida matrimonial mal llevada lleve a una separación, pues es muy importante la continuidad. Por eso, en nuestra opinión, es muy recomendable darse una oportunidad para ver si esa vida matrimonial tiene arreglo. Pero hay situaciones en que no se dan las condiciones para la reconciliación, que deben intentar los dos, y es conveniente una separación.

8. Perspectiva

El matrimonio, como otros proyectos vitales, es un "trabajo" a largo plazo. Las cosas hay que verlas con perspectiva y darles la importancia que tienen ahora y la que tendrán dentro de 40 años. Es decir, ninguna en la mayoría de los casos.

Podemos estar pasando un mal momento, pero eso no quiere decir que sea irremediable o que estemos en el final.

Buscar la perspectiva relativiza los problemas y hace que se solucionen con menos nerviosismo. Saber que saldremos más fuertes de las crisis y que aumentará el amor.

No hay que confundir los medios con los fines. El amante conoce el fin que busca y utiliza los medios pertinentes. En el caso del matrimonio es disfrutar de esa unión.

El voluntarista se fija en los medios y les da la importancia de un fin. Como si no hubiera otra forma de actuar y se ciñe a ella. No toma en consideración otras posibilidades, ya que supondría salirse de la norma —que para esta persona es un fin—.

Así, sufrir o ir contracorriente en un matrimonio puede ser un medio para superar una crisis. Para el voluntarista, sufrir e ir contracorriente es un fin. No puede entender el matrimonio sin sufrimiento. Para él, disfrutar no es una opción. Por contra, el amante busca los medios que le llevan al fin deseado. Que no es otro que aumentar ese amor. Unas veces será olvidarse de uno mismo y darse por completo, y otras será dejarse cuidar por el otro y disfrutar de lo que nos dan.

Además, hay otros bienes colaterales importantes, como la mejora del rendimiento laboral. En dos sentidos:

— la tranquilidad que permite centrarse en el trabajo y rendir más. Hay un porqué para esforzarse e intentar prosperar. Cuando el matrimonio no va bien es muy complicado centrarse en el trabajo. No hay serenidad en nuestro interior. La cabeza está a cien por hora o parada en seco. La concentración se complica y nuestro rendimiento baja. Cuando el matrimonio va bien, se disfruta. La concentración es más fácil;
— estará más comprometido con la empresa y con la sociedad, ya que quiere lo mejor para su familia.

En resumen: los matrimonios felices mejoran la sociedad. El buen ejemplo atrae, y más gente se animará a vivir así, con lo bueno, lo auténtico y lo que le hace feliz. Si ven que muchos matrimonios no son felices, lógicamente buscarán otras relaciones más *light*. O simplemente pasarán de cualquier relación. Hoy en día todavía hay gente que "se casa" más por tradición o por conveniencia social que por convicción. Esto perjudica a la sociedad porque configura ciudadanos tristes y con poco deseo de intervenir para mejorarla. En cambio, cuando haya más matrimonios felices, habrá más gente implicada en mejorar la sociedad en la que van a vivir ellos, sus hijos y sus nietos. Y sólo hay una vida en esta tierra.

Qué menos que buscar la felicidad con tu cónyuge. Necesita la sociedad gente decidida a ser feliz. Vamos a favor de la corriente. Vemos que otros también quieren modificar la sociedad defendiendo presupuestos de difícil aceptación y avanzan en su agenda, pero a costa de mucho desgaste y dinero —con frecuencia es dinero de todos, aplicado a agendas particulares—.

9. ¿Dios en el matrimonio?: Dios en la sociedad

Matrimonio y sociedad son lo mismo. Nos entendéis: lo que pasa en el matrimonio se refleja en la sociedad, y las costumbres de la sociedad influyen en el matrimonio. El matrimonio comunica a la sociedad sus virtudes y sus defectos. Nuestro ideal de matrimonio proporciona humanidad, verdad, respeto, servicio, humildad, alegría... Puede producir remansos de paz y concordia. Defiende la dignidad de todas las personas. Es una escuela de generosidad, de servicio en la casa y en el vecindario.

Podríamos seguir enumerando muchos bienes que acompañan al matrimonio. Pero queremos referirnos a uno del que casi no hemos hablado hasta ahora y que es la guinda de la vida matrimonial. Se trata de algo que pertenece a la interioridad y libertad personal pero que se manifiesta fuera de nosotros: la relación con Dios. En cada uno su cercanía a Dios, mucha o poca, afecta a su más profunda intimidad. Al casarse, los dos se configuran como una sola carne y la fe de cada uno afecta al otro.

En primer lugar, está lo básico. Hay que respetar y amar las creencias del otro, aunque pensemos que está equivocado. El trato en este campo debe ser exquisito. Conviene tocarlo en el noviazgo y estar de acuerdo cara a la formación de los hijos, si vienen.

En el cristianismo, el matrimonio se considera tan importante que hay una ceremonia específica, sacramental, en la que los contrayentes publican su relación mutua ante la Iglesia y la sociedad. La fuerza que acompaña a ese sacramento estará presente en la vida matrimonial dando una luz distinta a lo que hemos tratado hasta ahora en este libro. Además, convierte al matrimonio en un camino para integrarse en el pueblo de Dios, conocer sus oraciones y participar en sus sacramentos. Pero también el matrimonio cristiano conecta con el matrimonio por excelencia: el de María y José. Y con la familia por excelencia: Jesús, José y María.

Con sencillez y naturalidad el matrimonio cristiano pasa a vivir, idealmente, en el ambiente de la misma casa que Jesús, José y María. Es un rinconcito del hogar de Nazaret. En ese hogar nadie se apropia de nada: no hay "mi prestigio", ni "mi tiempo", ni "mi trabajo", ni "mi dinero", ni "mis gustos"… Siempre se está dispuesto a servir a los demás.

Hay muchas costumbres populares que facilitan esa referencia a Dios: la bendición de la mesa, los cuadros de la Virgen, las oraciones al levantarse y acostarse, la celebración de los santos y de las fiestas del año litúrgico como Navidad y Semana Santa, el rezo del rosario, el bautismo de un hijo, la primera confesión y la primera comunión, la catequesis en familia, la Cuaresma, el mes de la Virgen, y otras muchas, que se pueden vivir de muy distinta manera. Y por supuesto no hace falta seguirlas todas. En la familia cristiana hay trato con Jesús y confianza en la providencia divina, no existen tragedias estériles.

No quiere decir eso que el matrimonio con fe en Dios viva en un lugar delicioso, protegido de todo mal. Al contrario, sigue participando de las vicisitudes de nuestro "parque de atracciones", como hemos dicho: «Se disfruta, se ríe, se pasa bien, pero... cuesta dinero, hay que hacer colas, quizá nos morimos de calor o de frío, nos cansamos, y nos podemos divertir mucho». Pero todo se vive además con fe y esperanza, con una felicidad que llena el espíritu. Y en compañía de Jesús, María y José.

Se puede vivir como decían los filósofos agnósticos, *etsi Deus non daretur,* como si Dios no existiera. Pero nosotros preferimos vivir *veluti si Deus daretur,* como si Dios existiera, y rogándole humildemente que nos conceda la fe que nos falte. Es mucho más apasionante.

Esa es nuestra propuesta.

ESTE LIBRO, PUBLICADO POR
EDICIONES RIALP, S. a.,
MANUEL URIBE, 13-15, 28033 MADRID,
SE TERMINÓ DE IMPRIMIR EN
ANZOS, S. L., FUENLABRADA (MADRID),
EL DÍA 30 DE ABRIL DE 2024.